MEMOIRES

ET

AVANTURES

D'UN HOMME

DE QUALITÉ,

Qui s'est retiré du monde.

TOME TROISIEME.

A AMSTERDAM,

Aux dépens de la Compagnie.

MDCCXXXI.

MEMOIRES
DU
MARQUIS DE ***

LIVRE SIXIEME.

J'ETOIS tranquile depuis trois ans dans l'Abbaïe de..... que j'avois choisie pour le lieu de ma retraite. La générosité du Comte de .... y fournissoit à mon entretien. Le soin de mon salut, & le tendre souvenir de ma chere épouse faisoient mon unique occupation, & servoient à me détacher tous les jours de plus en plus des choses de la terre. Si je rappellois quelquefois

　　　　　　　　　　　　ines

mes avantures paffées, c'étoit pour
me confirmer dans la haine du
monde, en confidérant le peu de
folidité de fes biens les plus flateurs.
J'avois même écrit dans cette vûe
l'hiftoire de ma vie, & je ne la re-
lifois jamais fans me fentir enflammé d'un nouvel amour pour la
folitude, & fans benir le Ciel qui
avoit foutenu ma conftance parmi
tant d'adverfitez. J'avançois d'ailleurs vers la vieilleffe : j'étois à la
fin de ma cinquante-troifiéme année. Mes longs chagrins, mes
voiages, les changemens de climat,
avoient alteré mon temperament;
& quoique je ne reffentiffe aucune
infirmité confidérable, je m'appercevois en mille manieres de la di-
minution de mes forces. Je n'avois
point affez de raifons d'aimer la
vie pour travailler à la prolonger
longtems ; cependant mes amis
m'obligeoient à des ménagemens
aufquels je m'affujettiffois par com-
plaifance. Trois ans s'étoient ainfi
écoulez, & je m'étois accoutumé
à ce train de vie, que je croiois devoir durer jufqu'à ma mort.

Non,

Non, les hommes ne forment
point de desseins qui ne soient sujets
à changer, ni de résolutions qui ne
puissent être ébranlées. Je ne suis
point naturellement inconstant ; cependant je vis tous les arrangemens
de conduite que j'avois pris , s'é-
vanouïr presque tout d'un coup.
La considération que je crus devoir
à une personne de la plus haute
naissance , les prieres d'un grand
Evêque , les instances de M. le
Comte de .... & celles de tous
mes amis, me firent renoncer pour
quelques années à cette solitude,
qui m'avoit paru si douce & si ne-
cessaire. Voici quelle fut l'occasion
d'un changement si peu prévû, &
dont je m'étonne encore tous les
jours , quoique je ne puisse m'en
repentir.

M. le Duc de... avoit de grandes terres auprès de l'Abbaïe où
je m'étois retiré. Il y étoit venu
passer quelque-tems , au commencement de la belle saison. Le Pere
Prieur de l'Abbaïe se crut obligé
d'aller rendre ses devoirs à un si
illustre voisin, & il me proposa de

A 2

l'acl'accompagner. Quelque refpect dont je fuffe rempli pour ce Seigneur, je refufai cette vifite, qui me parut s'accorder mal avec la profeffion que je faifois de vivre en folitaire. Le P. Prieur me fit quelques inftances inutiles, & partit enfin fans moi. Il revint le foir du même jour, & me parut charmé de la maniere dont il avoit été reçû. Il me dit que M. le Duc, & l'Evêque de ... fon proche parent qui étoit avec lui, l'avoient comblé d'honnêtetez ; que non feulement ils l'avoient forcé de dîner avec eux, mais qu'ils s'étoient engagez à lui faire l'honneur de venir prendre un repas à l'Abbaïe quelques jours après ; qu'il n'épargneroit rien pour les bien traiter, & qu'il me conjuroit de l'aider à faire les honneurs de fa maifon. Je n'eus pas de peine à lui accorder ce qu'il fouhaitoit. M. le Duc & le Prélat vinrent comme ils l'avoient promis. Ils parurent fort contens du dîner, qui étoit des plus magnifiques.

Le P. Prieur crut me faire plaifir, en tournant la converfation fur ma

naifnaiſſance & ſur mes avantures. On me preſſa d'en raconter quelque choſe, ce que je ne pus refuſer ſans incivilité. Les deux Seigneurs eurent la bonté d'en paroître touchez, & redoublerent les marques d'attention qu'ils m'avoient données d'abord. M. le Duc me fit promettre que je l'irois voir quelquefois, & que j'entretiendrois quelque liaiſon avec lui pendant le ſéjour qu'il devoit faire dans le canton. Je me trouvai ainſi engagé malgré moi à ſortir aſſez ſouvent de l'Abbaïe; il m'arriva même de paſſer cinq ou ſix jours de ſuite au Château, où l'on me faiſoit une eſpece de violence pour me retenir. Ce fut apparemment pendant ce tems-là que M. le Duc forma le deſſein de m'arracher à ma ſolitude, pour me rendre utile à ſon ſervice. Il ne me le fit connoître néanmoins qu'après ſon rétour à Paris. Je reçûs de lui, quinze jours après ſon départ, une Lettre pleine d'amitié & de civilité, dans laquelle il me remercioit d'avoir contribué à le défennuier à la campagne. Il m'aſſuroit de ſa pro-

 tection

rection dans les termes les plus obli-
geans ; & après mille offres de fer-
vices, il ajoûtoit avec beaucoup de
bonté, que tout ce qu'il pouvoit
m'offrir n'approchoit point de ce
qu'il attendoit de moi ; qu'à peine
ofoit-il me faire une propofition
pour laquelle il apprehendoit de me
trouver trop d'éloignement ; qu'il
n'ignoroit pas mon inclination pour
la folitude, & les raifons que j'a-
vois de l'aimer ; que connoiffant
néanmoins la bonté de mon cœur
& ma générofité, il fe flattoit que
je voudrois bien me faire violence
en quelque chofe pour l'amour de
lui; en un mot, qu'il étoit queftion
du Marquis fon fils, qui lui étoit
extrémement cher, parce qu'il étoit
unique, & parce qu'au jugement de
tout le monde, il paroiffoit plein
de bonnes qualitez; que fon deffein
étoit de le faire voiager pendant
quelques années ; qu'envain cher-
cheroit-il un guide plus fage & plus
experimenté que moi, & fur l'attention duquel il pût fe repofer plus
fûrement; qu'en me demandant cette grace, il me demandoit une chofe

se qu'il auroit voulu pouvoir entreprendre lui-même ; mais que ses emplois & son rang l'attachant nécessairement à la Cour, il me remettoit toute son autorité de pere, & qu'il étoit persuadé que j'en voudrois bien prendre la tendresse.

Cette Lettre, dont je ne rapporte point plusieurs endroits qui m'étoient trop avantageux, produisit sur moi l'effet qu'elle y devoit faire ; c'est-à-dire beaucoup de reconnoissance pour M. le Duc, mais nulle envie de satisfaire son désir. Je me hatai de lui répondre, que je me croiois très-honoré de la confiance qu'il me marquoit, mais qu'il n'y avoit pas d'apparence qu'après tant de malheurs & d'agitations, je pusse quitter le port tranquile où j'étois, pour m'exposer à de nouveaux orages. „ D'ailleurs, ajoûtois je, je „ répondrois mal à votre esperan„ ce : dégoûté comme je suis du „ commerce des hommes, je me „ sens peu propre à regler l'éduca„ tion de Monsieur votre fils, que „ sa naissance destine aux grandeurs „ de la Cour. Je hais trop le mon-

A 4

„ de „

„ de , pour être capable d'inspirer
„ aux autres les moiens de lui plai-
„ re , & l'estime de ses faveurs.

Je n'entendis parler de rien pendant quinze jours ou trois semaines.
Je crus que ma réponse avoit ré-
froidi M. le Duc, & qu'il étoit satisfait de mes raisons. Un jour au
moment que je m'y attendois le
moins , je vis entrer dans ma chambre le Comte de ... Son arrivée
me surprit, parce qu'il avoit coutu-
me de me prévenir sur ses visites.
Je le reçus avec mon accueil ordinaire. Après les premieres civilitez,
je m'apperçûs par son embarras,
qu'il avoit l'esprit occupé, & qu'il
avoit quelque ouverture à me faire.
De quoi s'agit-il, mon cher Comte,
lui dis-je; j'entrevois que vous m'ap-
portez des nouvelles affigeantes.
Ne me déguisez rien, je suis préparé à tout. Il me répondit qu'il ne
savoit rien qui dût me chagriner;
mais qu'il doutoit si j'approuverois
la commission dont il s'étoit chargé,
& que c'étoit la seule cause de son
embarras. M. le Duc de .... continua-t-il , en tirant une Lettre de
sa

sa poche, m'a écrit ce que vous allez lire, & je n'ai pû me dispenser
de venir du moins vous proposer
ce qu'il demande avec tant d'instan-
ce. Prenez la peine de lire sa Lettre, elle vous instruira. Je la lûs,
& j'y trouvai une partie de ce qu'il
m'avoit fait l'honneur de m'écrire
lui-même. Il conjuroit le Comte
de se joindre à lui pour me fléchir,
& il le pressoit par tous les motifs
que la politesse & la génerosité peuvent emploier. Ce n'est pas tout,
continua le Comte, vous verrez ici
demain M. le Duc avec Monsieur
son fils, & M. l'Evêque de . . . .
J'ai passé par Paris où j'ai eu l'honneur de les saluer, ils m'ont assuré
que je ne les précederois que d'un
jour, & ils se promettent d'achever
par leur présence ce que mes sollicitations auront commencé. Vous
me jettez dans un étrange embarras,
lui dis-je, & vous avez bien dû prévoir que ce qu'on exige de moi ne
sauroit m'être agréable. Quoi! vous
voulez qu'à l'âge où je suis j'aille
parcourir tous les Roiaumes de
l'Europe, & fournir par mes avan-

A 5

tures

tures la matiere d'un nouveau Roman ! Et dans quelle vûe encore ?
Par quel interêt prétendez-vous
m'y porter ? Pour accompagner un
jeune Seigneur que je ne connois
point , & dont je ne connois le
pere que depuis deux mois. C'est
tout ce que l'amitié pourroit exiger
de moi pour vos enfans , ou le devoir pour les Princes du sang de
mon Roi. Non , non , mon cher
Comte , vous ne me verrez pas sortir legerement de ma solitude ; le
seul voiage qui me reste à faire est
celui de l'Eternité.

Je demeurai ferme dans cette résolution jusqu'à l'arrivée de M. le
Duc. Je serois ennuieux si je rap-
portois les résistances que je fis pendant trois heures à ses prieres, & à
celles du Prélat. Ils desespererent
plus d'une fois de me vaincre : mais
leur honnêteté , leurs instances ,
leurs manieres nobles & ouvertes,
m'arracherent enfin le consentement qu'ils souhaitoient. La vûe
du jeune Marquis servit beaucoup
à me déterminer : il joignit lui-même des caresses si tendres & si na-
tu-

turelles à toutes les raisons du Duc, que moitié convaincu, moitié attendri, je donnai parole que je me trouverois prêt à partir quand on voudroit. Nous reglâmes la route que nous tiendrions, pour la facilité des Lettres de change. Il fut arrêté que nous commencerions par le voiage d'Espagne ; que nous passerions ensuite en Angleterre ; de là en Hollande ; de Hollande en Allemagne, puis en Italie, d'où nous reviendrions en France par la Savoye. C'étoit une course qui devoit durer environ trois ans. Le tems ne pouvoit être plus favorable. Le Congrès d'Utrecht & les Conferences de Rastat, avoient donné la paix à l'Europe. La confiance commençoit à renaître entre les peuples des differens Etats. Nous pouvions compter tous nos voisins pour nos amis, & voiager chez eux avec autant de liberté qu'en France ; ainsi tout nous promettoit une route facile & agréable

Nous convînmes encore avec M. le Duc, que Monsieur son fils prendroit le nom de Marquis de

Ro-

Rofemont, au lieu de celui qu'il portoit, pour demeurer inconnus à ceux à qui nous voudrions l'être. Je me fis appeller fimplement Monfieur de Renoncour. Aïant pris ainfi nos mefures, nous n'attendîmes plus pour partir que la chaife qui devoit nous conduire, deux laquais que M. le Duc fit venir de Paris, & des Lettres de change pour des Banquiers de differentes villes. Ma fille vint me dire adieu dans cet intervalle. Notre feparation ne fe fit point fans larmes. Cette chere fille me fit mille reproches fur ma réfolution ; mais c'étoit une affaire finie. Nous prîmes enfin le chemin d'Orleans, fuivis de trois valets à cheval, car Scoti voulut être auffi du voiage. Il étoit encore plein de vigueur & de fanté, malgré fes foixante-quatre ans.

Je laiffe aux Géographes, & à ceux qui ne voiagent que par curiofité, le foin de donner au Public la defcription des païs qu'ils ont parcourus. L'Hiftoire que j'écris n'eft compofée que d'actions & de fen-

sentimens. J'entreprens de rapporter ce que j'ai fait, & non ce que j'ai vû. Les cœurs sensibles, les esprits raisonnables; tous ceux en un mot, qui sans suivre une Philosophie trop severe, ont du goût pour la vertu, la sagesse & la verité, pourront trouver quelque plaisir dans la lecture de cet Ouvrage. C'est pour eux seulement que j'écris.

Lorsque je me trouvai seul avec le Marquis de Rosemont, je m'attachai d'abord à acquerir une parfaite connoissance de son caractere & de ses inclinations. Ce n'étoit point une chose difficile. Le Marquis avoit un de ces beaux naturels qui ne courent aucun risque à se laisser approfondir. Je l'engageai insensiblement à me raconter quelles avoient été ses occupations jusqu'à sa dix-huitiéme année où il entroit alors. Il me dit qu'il avoit été au College jusqu'à la seiziéme, & que les deux dernieres il les avoit passées à l'Académie: Qu'il avoit eu pour Gouverneur un homme severe, qui se faisoit un devoir de le tenir

dans

dans une espece de captivité ; que
cette contrainte lui avoit extrémement déplû ; qu'il avoit souhaité
mille fois de sortir d'une tutele si
dure, & qu'il haïssoit cet insuporta-
ble Argus, jusqu'au point d'avoir
refusé de lui parler depuis qu'il étoit
délivré de ses mains. Je pris plaisir
à faire ainsi raisonner le jeune Marquis sur les particularitez de son
enfance, & je reconnus dès notre
premiere conversation que malgré
l'air de douceur qui paroissoit dans
ses yeux & sur son visage, il avoit
les passions fort vives ; & que s'il
aimoit la liberté, c'étoit pour les
satisfaire. Cette découverte ne
m'allarma point, je hais au contraire l'indolence dans la jeunesse,
& je suis persuadé que la grandeur
de l'ame suppose de grandes passions ; l'importance est de les tourner à la vertu.

Ce qui me rassuroit encore dans
le Marquis, c'est qu'avec une vivacité extrême, & un cœur tel que
je me l'imaginois, il avoit du moins
un fond de raison qui lui faisoit goûter une refléxion solide. J'affectois
d'en

d'en mêler quelques-unes à son récit, & je voiois que loin d'en être embarraſſé il y ajoûtoit les ſiennes, en homme qui eſt déja accoutumé à penſer. Sa franchiſe me plut auſſi beaucoup. Je découvris bientôt le fond de ſon ame, & huit jours d'habitude m'apprirent à demêler ſi bien ſes ſentimens, que je l'aurois defié d'avoir quelque choſe de reſervé pour moi. Il eſt vrai que les manieres tendres & prévenantes que je pris avec lui, m'attirerent facilement ſa confiance ; j'eſtimai qu'il valoit mieux commencer ainſi par l'amitié, étant ſûr de faire naître le reſpeƈt quand il en ſeroit tems. Le paſſage du reſpeƈt à la tendreſſe eſt moins facile, ſurtout dans les jeunes gens, qui ne s'aviſent gueres d'aimer ce qu'ils ont une fois appris à craindre. Cette conduite me réuſſit ſi parfaitement, que le Marquis qui ſentit le prix de ma complaiſance & de mes honnêtetez, ſe porta de lui-même à tous les ſentimens que j'avois lieu de ſouhaiter qu'il conçût pour moi. Je lui diſois ſouvent que je ne voulois point qu'il

me

me regardât fur le pied d'une perfonne qui avoit quelque empire fur
lui ; qu'il faloit que nous vécuffions
en amis ou en freres, & qu'on eût
peine à deviner de quel côté étoit
le plus tendre attachement. Il me
répondit qu'il auroit toûjours cet
avantage fur moi , qu'outre une
tendreffe de parfait ami dont il pouvoit m'affurer , il m'honoreroit encore comme un pere. En effet il ne
fe relâcha jamais de cette difpofition.
C'eft par une fuite des mêmes fentimens , que dans l'élevation où il
fe trouve aujourd'hui par la mort
du Duc fon pere, il me permet d'é-
crire librement les avantures de nôtre Voiage. Il confent même que
pour le plaifir ou l'utilité du public,
je raconte les fautes où l'ardeur de
la jeuneffe le fit tomber. Elles ne
peuvent lui être qu'honorables ; car
outre qu'elles font de la nature de
celles qu'on a reprochées à tous les
Heros, il eft fi beau de les avoir fû
reconnoître & d'avoir toûjours
combattu pour les éviter, qu'il y a
une efpece de gloire à en faire un
aveu libre & fincere.

Nous

Nous arrivames à Bourdeaux vers la fin du mois de Juillet. La pluie qui duroit sans relâche depuis huit jours, avoit tellement rompu les chemins, & nos valets avoient été mouillez si continuellement, que nous fumes obligez de nous arrêter dans cette ville pour attendre un tems plus commode. Je pris cet intervalle de repos pour faire commencer au Marquis un exercice dont je m'étois apperçû qu'il avoit besoin. Il avoit fait ses études comme un enfant de qualité les fait dans un College, c'est à-dire, qu'il y avoit appris quelques mots de Latin, & à tourner médiocrement des vers A l'Académie il s'étoit formé aux exercices du corps ; à monter à cheval, à faire des armes, à danser & à jouer de quelques instrumens. Mais il ignoroit les sciences qui servent à polir & à cultiver l'esprit ; de sorte que ce qu'il avoit de discernement & de bon goût, il ne le devoit qu'à ses talens naturels. J'eus du chagrin de voir de si belles dispositions en danger de devenir inutiles par la négligence ou

la

la grossiereté de ses Maîtres. Je le fis consentir à se mettre sur les voies de l'Histoire, de la Géographie, de l'Eloquence. Je lui inspirai du goût pour les livres qu'il avoit assez negligez jusqu'alors. De quel avantage vous seroit-il, lui dis-je, d'être né au-dessus du commun des hommes, si l'ignorance vous ravalloit au-dessous d'eux? Votre naissance seroit votre honte, & l'on ne feroit attention que vous occupez un rang distingué, que pour penser en même tems que vous n'en êtes pas digne. Je veux qu'il y ait un tems où les personnes de qualité par une pitoiable affectation de grandeur & d'indépendance se faisoient un point d'honneur de ne rien savoir; c'étoient les fausses idées d'un siecle grossier qui jugeoit mal du prix des choses: Mais tout a changé de face aujourd'hui; le savoir va de pair avec la qualité; il l'emporte même, en ce qu'un homme d'esprit sans naissance se fera considerer plus surement qu'un homme de qualité sans esprit. Ne sentez-vous pas, mon cher Marquis, de quel-

quelle indécence il eſt dans un rang diſtingué, d'ignorer ce qui eſt connu du grand nombre dans les conditions les plus connues ? Le privilege de l'élevation ſe réduira donc à préceder la foule dans les cérémonies, à ſe faire traîner dans un carroſſe, & à traiter ſon corps plus delicieuſement. Etrange diſtinction, qui ne ſuppoſe ni vertu ni mérite, & qui n'eſt fondée que ſur des biens que la fortune donne & qu'elle peut ôter !

Le Marquis me promit de s'appliquer ſerieuſement, & d'employer à l'étude tous les momens dont il pourroit diſpoſer. On verra le goût qu'il y prit dans la ſuite, & les progrès ſurprenans qu'il y fit. J'achetai à Bourdeaux les meilleurs livres que je pus trouver, & j'en remplis une malle, qui devint la plus chere partie de notre équipage. Le mauvais tems continua pendant trois ſemaines avec ſi peu d'interruption, que nous ne crumes point pouvoir nous mettre en chemin ſans péril. Ce retardement produiſit une avanture des plus plaiſantes. Le Maître de l'Aul'Auberge où nous étions logez, avoit une fille de l'âge de 25. ou 26. ans, brune, mais grande & fort bien faite, qui paroiſſoit languir dans l'attente du mariage. La bonne grace du Marquis qu'elle voioit ſans ceſſe, parce que la pluie nous retenoit à la maiſon, fit impreſſion ſur ſon cœur. Elle n'étoit pas de mauvais goût. Le Marquis avoit la taille très-bien priſe, de grands yeux noirs à fleur de tête, vifs & brillans, quoiqu'ils fuſſent pleins de douceur; le teint d'une blancheur admirable, & en même tems fort animé. Une forêt de cheveux chateins clairs lui deſcendoit juſqu'à la ceinture; il avoit avec cela naturellement le port & les manieres d'un homme de diſtinction, & je ne ſai quel air enjoué & badin qui le faiſoit trouver aimable au premier coup d'œil; de ſorte que je ne fus point ſurpris que notre belle hôteſſe fut devenue ſenſible pour lui. Je ne fus pas le premier à m'en appercevoir. Scoti me dit un jour; Je crois, Monſieur, que la fille de notre Hôte eſt amoureuſe de Monſieur fieur le Marquis ; j'ai remarqué que le foir furtout , lorfque vous étes à table , elle fe rend dans la cour, où elle paffe une demie heure à le regarder au travers de la fenêtre , & puis elle eft toute rêveufe pendant la foirée. Elle me difoit,. il y a quelque tems , qu'elle s'étonnoit qu'un jeune homme auffi honnête que Monfieur le Marquis ne lui eût pas encore dit une parole depuis quinze jours que nous fommes à Bourdeaux , & qu'elle croïoit les jeunes gens de Paris plus galans. Enfin , lorfque nous fommes à manger enfemble , continua bonnement Scoti , c'eft toûjours de lui qu'il faut qu'elle nous entretienne.

Elle eft folle , répondis-je ; il faut la laiffer faire , & n'y pas prendre garde. Je ne laiffai pas d'y faire attention, & je reconnus à la langueur de fes regards , lorfqu'elle avoit occafion de voir le Marquis, qu'elle étoit vivement atteinte. J'en riois interieurement , & j'étois charmé d'un autre côté que le Marquis ne jettât pas même les yeux fur elle. Il avoit été élevé avec beaucoup de

re-

retenue , & toutes ſes actions
étoient encore innocentes. Lorſque la pluie eut ceſſé entierement,
je fis mes comptes avec l'Hôte, &
nous nous préparâmes à partir le
lendemain. Nous nous couchâmes
de bonne heure , pour nous lever
plus facilement de grand matin. J'é-
tois endormi profondément , lorſque je fus éveillé tout d'un coup
par la voix du Marquis qui crioit,
à moi , à moi , on me vole. Sa
chambre n'étoit ſeparée de la mienne que par une legere cloiſon. Je
me leve promptement & je cours
à la ſienne avec mon épée. Je
trouvai à la porte nos trois valets
que le même bruit avoit éveillez ;
j'en envoie un chercher de la lumiere , j'ordonne aux deux autres
de garder ſoigneuſement la porte,
& j'entre ſeul dans l'obſcurité en
demandant au Marquis de quoi il
s'agiſſoit : Il ſe leve auſſi , & me
répond d'une voix aſſez troublée,
qu'il y avoit certainement quelqu'un
dans ſa chambre ; qu'il avoit entendu ouvrir la porte & marcher doucement ; qu'aiant demandé qui c'é-
toit,

toit, & ne recevant point de réponfe, il avoit appellé auffitôt du
fecours. Je lui dis qu'il y avoit bien
de l'apparence que tout ce qu'il me
racontoit s'étoit paffé en fonge, &
qu'il nous avoit allarmez mal à
propos. La lumiere vint enfin, &
nous fit appercevoir que le Marquis
ne s'étoit pas trompé tout-à-fait.
Nous vîmes notre jeune Hôteffe
affife fur une chaife, la tête appuiée
fur une de fes mains, dont elle fe
cachoit le vifage & les yeux qu'elle
avoit tout en pleurs. Hé ma belle
enfant, lui dis-je, qui vous amene
ici à une telle heure? C'eft donc
vous qui veniez voler Monfieur le
Marquis? Elle fe leva, mais fans
répondre autrement que par une
abondance de larmes. Je compris
aifément fon deffein, & que la timidité l'avoit empêché de fe faire
connoître lorfque le Marquis avoit
demandé d'abord qui c'étoit. Je lui
dis; Croiez-moi, Mademoifelle;
retirez-vous, il eft tems que chacun
dorme; ce n'eft pas la peine de lier
fi particulierement connoiffance,
pour le peu de tems que nous avons

à

à nous vo... Elle ouvrit enfin la
bouche ; An ! Monfieur , me dit-
elle avec un foupir , permettez que
je demeure du moins un moment
avec Monfieur le Marquis , puifque
j'aurai le malheur de ne le revoir
jamais. Vous étes une badine, repris-je , qui n'avez rien à lui dire.
Croiez-moi encore une fois , allez
vous coucher. Embraffez-la, Monfieur, pour lui dire adieu , continuai-
je en parlant au Marquis. Il étoit
tout decontenancé dans fa robe de
chambre , & ne favoit que penfer
d'une telle avanture. Il l'embrafla
pourtant. Elle le laifla faire , &
comme il fe retiroit, elle retint une
de fes mains qu'elle ferroit dans les
fiennes en continuant de pleurer.
Je craignis qu'à la fin il ne fût attendri de cette fcene ; & la prenant
par le bras, je la conduifis à l'efca-
lier , où je demeurai jufqu'à ce
qu'elle fût defcendue. Je fis préparer fur le champ nos chevaux , &
nous partîmes au clair de la lune,
qui rendoit la nuit auffi belle que
les plus beaux jours.

J'attendis que le Marquis me par-
lat

lât le premier de ſon avanture nocturne. Il ne tarda guerés à me dire qu'il croioit cette fille folle, & qu'il n'avoit pas eu la moindre rélation avec elle pendant notre ſéjour à Bourdeaux. Je conviendrai avec vous qu'elle eſt folle, lui répondis-je, quand nous aurons diſtingué les differentes manieres dont on peut l'être. Il y a une folie qui vient de la tête, & qui ſuppoſe un dérangement dans l'eſprit ; c'eſt une diſgrace humiliante qui montre la foibleſſe de l'homme, & qui inſpire de la compaſſion, parce qu'elle n'eſt pas volontaire ; mais il y a une autre eſpece de folie qui vient du cœur, & qui eſt cauſée par la violence des paſſions ; celle-là eſt honteuſe, & nous rend coupables, parce que nous ſommes libres d'y reſiſter. Telle eſt celle de notre jeune Hôteſſe. Voiez de quoi elle l'a rendue capable. Elle oublie toutes les loix de la ſageſſe & de l'honneur, pour venir vous trouver dans votre chambre. Elle ſait qu'elle ne vous reverra jamais, & qu'elle n'a rien à prétendre à votre affection ; cependant

elle

elle s'expofe à perdre fa reputation pour fe fatisfaire un moment , & elle ne voit pas même que fon impudence n'eft propre qu'à lui attirer votre mépris ; car il eft impoffible qu'un honnête homme eftime une fille fans pudeur & fans retenue. Mais pourquoi m'aime-t-elle , me demanda le Marquis , moi qui ne lui ai jamais dit un mot. Oh! répondis-je , vous me parlez d'une des plus grandes bizarreries du cœur humain. Je ne veux pas que vous ignoriez , mon cher Marquis , que la nature a mis dans les deux fexes une violente inclination l'un pour l'autre. Un jour viendra que vous le connoîtrez par experience. Ce penchant général eft quelquefois déterminé par des caufes qui font inconnues à ceux mêmes qui en reffentent l'effet. Les uns font touchez par la beauté , d'autres par l'efprit, par la bonne grace , par le fon de la voix, par un coup d'œil, par un fourire ; d'autres enfin , par quelque chofe de tout cela , qui fe fait fentir bien fouvent , fans qu'on puiffe en démêler la caufe , pour

s'en

s'en rendre raison à soi-même. De la maniere dont nous sommes faits, il ne faut point esperer que nous puissions toujours être insensibles à ces premiers mouvemens ; ils préviennent ordinairement la raison : mais il est certain que nous sommes toujours assez forts pour en arrêter le progrès. La sagesse veut alors qu'on examine si la Religion & l'honneur ne trouvent rien qui les blesse dans ces commencemens d'affection. On ne risque rien quand on se détermine après un tel examen. Les passions qui ont une si belle source, conservent ordinairement la noblesse & la pureté de leur origine. Au contraire, si l'on se laisse entraîner par un aveugle penchant, il n'y a point d'excès où l'on ne puisse tomber sans les avoir prévûs ; & ce qui est encore plus malheureux, c'est que les passions déreglées se fortifiant plus vîte qu'on ne peut se l'imaginer, il devient presque impossible de les vaincre, lors même qu'on apperçoit le précipice où elles ont conduit. Je pris de là occasion de raconter au Mar-

quis

quis quelques hiſtoires qui pouvoient ſervir à confirmer mon diſcours. Je lui fis une vive peinture des malheureux effets d'un amour illicite dans pluſieurs perſonnes dont il connoiſſoit les noms : Renverſement de fortune , perte des biens, de l'honneur & du repos. Il m'écoutoit avec une attention ſurprenante , & j'appercevois ſur ſon viſage les differentes impreſſions que mes paroles faiſoient ſur ſon cœur. Enfin il me dit , comme s'il fût ſorti d'une profonde rêverie ; Je n'apprehende point d'être jamais expoſé aux malheurs dont vous parlez. Il me ſemble que je n'ai point de diſpoſition à devenir tendre, & je ne connois pas comment on peut aimer une femme juſqu'à faire tant de folies pour elle. Mon Dieu, lui répondis-je, défions-nous de nous-mêmes. Vous voilà bien inſtruit du péril , veillez ſur votre cœur, & ſouvenez-vous ſur tout de ne perdre jamais de vûe l'honneur & la Religion.

Quand nous fumes arrivez à Bayonne , je pris des meſures pour faï-

faire le voiage commodément jufqu'à Madrid. La difficulté des
montagnes me fit balancer fi nous
n'abandonnerions pas notre chaife
pour marcher à cheval : mais aiant
appris que quantité de Seigneurs
François & Efpagnols paffoient tous
les jours dans la même voiture, j'ef-
perai que nous pourrions nous en tirer auffi heureufement qu'eux. Nous
paffâmes le Bidaffoa qui étoit fort
enflé par la pluie , & nous étant
arrétez pour dîner à Iron, premier
bourg d'Efpagne , nous y fumes fi
mal traitez , que nous en tirâmes
un mauvais augure pour le refte du
chemin. Nous fumes pourtant beaucoup mieux à Saint-Sebaftien , mais
ce ne fut pas fans peine que nous
traverfâmes quantité de montagnes
& de chemins pierreux pour y arriver. Cette ville me parut jolie.
Ses rues font larges , droites , &
bien pavées. On nous confeilla d'y
féjourner pour nous y pourvoir d'un
Moco de Mulas , c'eft-à-dire , d'un
guide qui pût nous conduire dans
les chemins difficiles , & nous fervir
d'interprête. Les hôtelleries font

pi-

pitoiables jufqu'à Burgos , quoiqu'on m'ait affuré qu'elles font in-
comparablement meilleures aujour-
d'hui qu'elles n'étoient avant que
Philippe V. fût monté fur le trône
d'Efpagne. Le grand commerce
qui eft maintenant entre les deux
Etats , a fait mettre quelque changement. Notre guide avoit foin
d'acheter nos vivres , & de les faire
préparer. C'étoit prefque toûjours
quelques mets affez dégoûtans. Je
n'étois pas fâché que le Marquis
fût ainfi réduit pendant quelque-
tems à une nourriture groffiere &
mal préparée. Les chambres & les
lits ne valoient guéres mieux , &
fouvent même n'en pouvant trouver , nous paffions les nuits entie-
res dans notre chaife , fans prendre d'autre tems pour le fommeil
que celui qui étoit néceffaire à nos
chevaux pour fe repofer. Je ne man-
quois pas de faire fentir au Marquis
par mes réflexions, de quel avantage il eft d'éprouver quelquefois la
mifere , pour devenir fenfible à
celle de tant de malheureux qui font
continuellement dans la neceffité.

Je

Je lui faifois remarquer tous ces pauvres habitans des montagnes, dont la feule vûe eft capable d'inf-pirer la compaffion. En qualité d'homme, lui difois-je, ils ont le même droit que vous aux douceurs du repos & de l'abondance. C'eft le hazard qui vous a fait naître plus heureux : Apprenez du moins à les plaindre, & gardez-vous encore p us de les méprifer. La vivacité du Marquis lui faifoit trouver le chemin ennuieux : pour l'occuper, je rappellai tout ce que ma memoire put me fournir en matiere d'hiftoire & de fciences, & je lui faifois en-fuite repeter par ordre tout ce qu'il avoit pu retenir, pour l'accoutumer à une étude appliquée & méthodique. L'inégalité du chemin fur les montagnes pierreufes de la Bifcaie, ne nous permettoit pas de lire dans la chaife. Enfin, nous approchâ-mes de Vittoria, qui eft la premie-re ville de la Caftille. Elle eft fituée au bout d'une plaine agréable & bien cultivée. Le Marquis qui n'avoit vû depuis plufieurs jours que des rochers efcarpez & des précipices,

B 4

fe

se crut transporté dans un autre monde. Nous nous reposâmes un jour entier à Vittoria , & nous y trouvâmes toute sorte de rafraichissemens. Ce fut là que nous commençâmes à connoître le caractere & les manieres des Espagnols. Il y en avoit quelques-uns dans notre Auberge , qui étoient de différens endroits de Castille. Ils savoient le François. Nous nous entretînmes avec eux de la route qui nous restoit à faire , & l'un d'eux nous promit d'avancer son départ pour nous tenir compagnie jusqu'à Burgos où ses affaires l'appelloient. L'enflure & le galimathias des civilitez Castillanes faisoient rire le Marquis, & j'avois quelquefois toutes les peines du monde à l'en empêcher. Le soir, quand nous fumes seuls , voilà de plaisantes gens , me dit-il avec son air badin ; ma foi, si tous les Espagnols se ressemblent , je suis déja fâtigué d'être en Espagne. Je vois bien, lui répondis-je en riant , que c'est leur gravité qui vous épouvante; mais n'allons pas si vîte, & ne jugeons pas des gens sur une pre-

premiere entrevûe. Croyez-vous
qu'il foit beau de rire & de badiner
continuellement avec des inconnus,
comme vous faifiez tantôt ? Il faut
fe conduire avec plus de referve,
fur tout avec des étrangers. Pour
moi je vous avoue que je fuis fort
fatisfait de l'honnêteté de nos Efpagnols, & je fuis perfuadé que vous
le ferez vous-même de celui qui
doit nous accompagner, quand vous
aurez eu le tems de le mieux connoître. Je devinai heureufement.
Dès le premier endroit où nous
nous arrêtâmes pour dîner, ce fut
des manieres toutes différentes de
celles qui avoient fait rire le Marquis la veille. Il s'appelloit Dom
Inigo de Juaz. Il avoit été Ecuyer
de l'Amirante de Caftille ; & la
connoiffance qu'il avoit de la Cour
& de Madrid, nous fit trouver
fon entretien fort agréable. Il nous
raconta plufieurs chofes extraordinaires du maître qu'il avoit fervi.
Je me fouviens de celle-ci, qui merite d'être rapportée. L'Amirante
avoit une chienne des plus jolies :
il l'avoit achetée toute inftruite, &

il étoit charmé de mille tours de
foupleſſe qu'il lui voioit faire, &
qui lui paroiſſoient furpaſſer la portée d'une bête. A force de l'admirer, il ſe perſuada qu'une chienne
ordinaire n'étoit point capable de
tant de perfections, & que de quelque maniere que la ſienne fût née,
il falloit qu'elle eût une ame rai-
ſonnable. Cette penſée ſe fortifia ſi
bien dans ſon eſprit, qu'il parloit
ſouvent à ſa chienne, comme il
auroit fait à une perſonne. Le petit
animal émû par l'action de ſon maître, ne manquoit pas de japper, &
l'Amirante s'imaginoit que c'étoit
une maniere de réponſe dont elle
ſe ſervoit, faute de ſavoir la langue
Eſpagnole. Il chargea un de ſes do-
meſtiques de la lui apprendre, par
des leçons qu'il lui faiſoit réiterer
pluſieurs fois le jour. Le domeſti-
que obéit pour ſatisfaire ſon maître.
Cinq ou ſix mois ſe paſſerent; &
comme l'Amirante ne s'appercevoit
d'aucun progrès, il s'en prenoit au
précepteur, qui s'excuſoit de ſon
mieux ſur ce que la chienne avoit
la gueule trop fendue pour prononcer

cer facilement l'Espagnol. Enfin, la mort subite de l'animal, qui tomba malheureusement du haut d'une fenêtre, empêcha l'Amirante d'aller plus loin. Cette histoire nous divertit beaucoup. Le Marquis parut plus content de Dom Inigo de Juaz, qui étoit charmé de son côté du jeune François, & qui nous offrit, quand nous fumes arrivez à Burgos, de nous faire voir la ville, & de nous y procurer la connoissance de quelques honnêtes gens.

Nous acceptâmes cette offre. Dom Inigo nous vint rejoindre le lendemain à notre Auberge avec un autre Espagnol de ses amis. Ils nous conduisirent dans tous les endroits de la ville qui méritoient notre curiosité; à l'Eglise, à l'Archevêché, & sur un Pont fort large & fort commode qui fait un des principaux ornemens de Burgos, & qui lui sert de communication avec le fauxbourg. Comme l'heure du dîner approchoit, je proposai aux deux Espagnols de venir prendre notre soupe. Le Citoien de Burgos me répondit civilement que son

des-

deſſein avoit été de nous offrir la ſienne , & qu'il l'avoit fait préparer dans cette eſperance. Nous ne nous fîmes point preſſer , parce que nous étions proche de ſa maiſon. Il nous fit bonne chere , ſi l'on doit compter pour quelque choſe la multitude des mets , mais l'apprêt étoit déteſtable. Son épouſe étoit incommodée. Il nous fit entrer familierement dans la chambre où elle étoit couchée ; ce qui me ſurprit en Eſpagne , où je croiois tous les maris exceſſivement jaloux. Il l'engagea même à ſe lever pour nous tenir compagnie. Elle s'aſſit à quatre pas de la table ſur des couſſins poſez l'un ſur l'autre , à la mode d'Eſpagne. Elle garda le ſilence , parce qu'elle ignoroit notre langue : mais je remarquai qu'elle eut les yeux ſans ceſſe attachez ſur le Marquis. Il s'en apperçut lui-même , car l'avanture de Bourdeaux l'avoit inſtruit ſur bien de choſes. En ſortant de table , nous fumes voir un Hôpital & quelques Couvens d'hommes & de filles , & nous retournâmes aſſez tard à notre Auberge , où nous trouvâmes
mes

mes nôtre Hôtesse yvre. Elle sauta
au cou du Marquis, avec mille in-
solences que je pensai punir de quelques coups de bâton, mais la crainte de causer du bruit m'arrêta. Ce
n'étoit pas la premiere que nous eussions vûe dans cet état, depuis que
nous avions passé les Pyrenées. J'a-
vois cru trouver plus de sobrieté en
Espagne.

Nous nous remîmes en marche
le lendemain. Il nous restoit trente-
cinq ou quarante lieuës jusqu'à Madrid, l'impatience d'y arriver nous
les fit faire en trois jours. Cette
ville nous plut en arrivant. Sa
situation est inégale, mais le coup
d'œil en est agréable. Dom Inigo
de Juaz nous avoit indiqué une excellente Auberge où nous fumes
bien traitez pendant tout le tems
que nous y demeurâmes. Après
quelques jours de repos nous char-
geâmes notre Hôte du soin de nous
louer un appartement dans quelque
maison voisine de la sienne; je voulois y être plus tranquillement que
dans une Hôtellerie, & pouvoir en
même tems nous faire traiter par

le

le même cuisinier, dont nous étions satisfaits. Le maître de notre nouvelle demeure se nommoit Dom Porterra ; le *Dom* est commun chez les Espagnols. Il crut connoître à notre figure qu'il avoit affaire à des personnes de qualité, ce qui le fit agir fort respectueusement avec nous ; & malgré la fierté qu'on attribue aux Espagnols, il tint la même conduite pendant les trois mois que nous passames à Madrid.

Nous avions reçû de Monsieur le Duc de... en partant de France, des Lettres pour differens Seigneurs de la Cour d'Espagne, desquels j'étois bien assûré que nous serions vûs avec plaisir ; mais je ne jugeai point à propos d'en user, & je les gardai seulement comme une ressource, s'il arrivoit que nous eussions besoin de quelque appui. Je voulois que nos voiages servissent à former le Marquis de plus d'une façon. C'est quelque chose que de parcourir differens païs, & de voir un grand nombre de villes; mais quand on se borne à cela,

l'unil'unique fruit qu'on en retire eſt de pouvoir raconter ce qu'on a vû. Si nous nous étions adreſſez d'abord à Monſieur le Duc de... & à Monſieur le Comte de . . . comme le portoient nos Lettres, ils auroient ſans doute engagé le Marquis à prendre ſon logement chez eux, ils l'auroient occupé ſans ceſſe de bagatelles & de parties de plaiſir. Mon deſſein étoit qu'il apprît à connoître les hommes en s'inſinuant par lui-même dans leur commerce ; qu'il commençât par ſe faire des amis dans les conditions communes, pour deſcendre un peu de cette hauteur qu'une illuſtre naiſſance inſpire, & pour y prendre des ſentimens humains & naturels ; ce qu'on ne prend guéres à la Cour où tout eſt fardé & plein de diſſimulation : Qu'enſuite il ſe produiſît de lui-même à la Cour, qu'il fît des connoiſſances, & qu'il tachât de s'y faire eſtimer uniquement par ſon merite. Je voulois qu'avec cela il fît une étude ſerieuſe de la Geographie & de l'Hiſtoire, me reſervant de travailler à lui former le

goût

goût & les fentimens dans nos con-
verfations , & par les lectures que
nous ferions en commun. Il me
témoigna quelque envie d'apprendre l'Efpagnol. Je lui dis que deux
raifons me portoient à le prier de
n'y pas penfer ; premierement que
la Langue Françoife étoit fort commune à Madrid , & qu'il pouvoit
par confequent fe faire entendre
fans le fecours de celle du païs. En
fecond lieu, qu'aiant à voiager dans
plufieurs autres Roiaumes, il étoit
impoffible qu'il pût apprendre la
Langue de chaque païs où nous
pafferions ; mais que nous en choi-
firions quelqu'une des plus utiles
& des plus agréables , telles que
l'Angloife & l'Italienne , & que je
l'exhorterois à apporter tous fes
foins pour les apprendre en perfec-
tion ; ce qui feroit difficile s'il entreprenoit de les favoir toutes. Il
fe laiffa perfuader par ces raifons.
Nous reglâmes l'emploi de la journée. Il fut refolu que nous nous
leverions tous les jours à fix heures
& demie ; que nous étudierions en
particulier jufqu'à huit heures , que

nous

nous prendrions enfuite le chocolat ; après quoi le Marquis me repeteroit ce qu'il auroit appris de la Geographie & de l'Hiftoire. Le refte du tems jufqu'à dix heures devoit être emploié à lire en commun quelque Livre de bon goût , fur lequel nous ferions nos reflexions , ou à nous entretenir familierement fur quelque fujet inftructif. A dix heures, c'étoit le tems de nous faire habiller pour aller à la Meffe, le dîner enfuite , & le refte du jour pour la promenade , les vifites & le divertiffement. Nous obfervâmes cet ordre avec une exactitude merveilleufe pendant trois mois de féjour à Madrid. J'eus une joie extrême de voir le Marquis s'accoûtumer fi facilement à prendre une conduite unie & reglée.

Nous nous fîmes vêtir d'abord fort fimplement pour fuivre le deffein que j'avois de commencer nos connoiffances par la Bourgeoifie. Nous fortions à pied, & fans nous faire fuivre de nos laquais. Notre premiere vifite fut celle des rues & des édifices publics. Nous y emploiâmes

mes trois ou quatre jours , fans
qu'il nous y arrivât rien de remar-
quable , mais lorfque nous eumes
mis le pied dans les lieux d'affem-
blées, à peine pourrois-je fuffire à
rapporter les avantures agréables ou
fâcheufes aufquelles nous fumes ex-
pofez tous les jours. Tout le divertiffement de Madrid confifte dans
la promenade & dans la Comedie.
Il y a deux Cours où l'on fe pro-
mene , *el prado nuevo* , *y el prado
viejo.* Celui qui eft du côté de
Buen retiro eft moins agréable &
moins frequenté que l'autre. C'eft
à celui ci que nous allions ordinairement. La petite riviere de *Man-
canares* coule dans la prairie & l'on
y voit plufieurs fontaines jailliffan-
tes qui fervent de rafraichiffement
dans les grandes chaleurs. Le premier jour que nous y parûmes, nous
en fumes quittes pour effuier les
complimens de quelques Demoifel-
les de moienne vertu , & les invi-
tations qu'elles nous firent de prendre le plaifir de la promenade avec
elles. Nous jugeâmes de leur deffein par les fignes dont elles accom-
pag-

pagnoient leurs paroles ; car elles ignoroient le François , & nous leur langage. Nous les quittâmes féchement pour nous avancer vers la grande allée d'Ormes, qui étoit remplie d'une foule de perfonnes de l'un & de l'autre fexe. Après avoir fait quelques tours, je dis au Marquis que je me repofois fur lui du foin de nous procurer quelques connoiffances. Oh! fi cela eft, me répondit-il en riant, je vous réponds que cela ne tardera gueres. Voions lui dis-je , comment vous vous y prendrez. Il n'en fit point à deux fois : à peine fumes nous avancez vingt pas, qu'il fe mit fur un banc où quelques Efpagnols étoient affis. Meffieurs , leur dit-il , en les fa-luant d'un air libre , vous voulez bien que deux étrangers prennent place auprès de vous, & qu'ils aient l'honneur de fe mêler à votre en-tretien. Les quatre Efpagnols fe leverent fans répondre, nous firent une profonde reverence , & fe re-mirent fur le banc. Je crus d'abord qu'ils n'entendoient point notre lan-gue, & j'étois prêt à railler le Mar-

quis

quis de fa précipitation. Mais après un moment de filence , l'un deux répondit en François, d'un ton grave, que nous leur faifions beaucoup d'honneur , & que des François ne devoient pas fe regarder comme étrangers en Efpagne. Nous liâmes ainfi converfation. Le Marquis leur fit cent queftions fur l'ufage de quantité de chofes qui fe préfentoient à nos yeux. Ils fatisfirent à tout en peu de paroles , & fans rien fournir d'eux-mêmes à la converfation ; de forte que nous demeurions tous en filence , lorfque les queftions du Marquis ceffoient. Enfin fe levant au bout d'un demi-quart d'heure , ils nous quitterent avec une nouvelle reverence. Voila des gens bien fots , me dit le Marquis. Dites plûtôt , lui répondis je, que voila des gens bien fages & bien civils , & apprenez d'eux à n'être pas fi ouvert que vous l'êtes avec le premier venu. Vous ne fauriez vous plaindre d'eux : ils vous ont falué civilement , ils vous ont répondu quand vous les avez interrogez. Que vouliez-vous qu'ils fiffent

de

de plus ? Convenez d'ailleurs que
vos queſtious avoient un air badin
qui peut déplaire à des perſonnes
graves. Ce n'eſt pas que je condam-
ne l'enjouëment des manieres ; mais
la ſageſſe demande qu'il ne ſoit emploié qu'à propos. Vous connoiſſiez
la gravité Eſpagnole , du moins de
reputation ; ainſi vous deviez juger
que la bienſéance ne vous permettoit pas de prendre d'abord avec
eux le ton riant & des manieres badines. Mais , reprit ingenieuſement
le Marquis , ils connoiſſent auſſi
les François ; la bienſéance devoit
donc les empêcher de prendre avec
moi des manieres ſi graves. Je lui
répondis qu'ils avoient ſur nous
l'avantage d'être dans leur païs,
& quelques - uns d'entr'eux celui
d'être beaucoup plus âgez que nous ;
ſans compter que les aiant abordez
aſſez bruſquement , & ſans en être
connus , nous leur devions quelque
déference. Comme nous en étions
là , nous fumes ſurpris de voir revenir nos quatre Eſpagnols, qui re-
prirent ſur le banc la place qu'ils
avoient quittée. L'un d'eux nous
dit ;

dit ; Nous sommes fort heureux de vous retrouver. Je lui répondis que leur retour nous faisoit plaisir, & qu'on revoioit toûjours volontiers d'auffi honnêtes gens qu'ils le paroiffoient. Je fuis ravi, reprit le même, que vous aiez cette opinion de nous. Comme vous ignorez encore nos coûtumes, je craignois que vous n'euffiez interprêté mal notre départ précipité. C'eft l'ufage ici, quand on vient au Prado, de fe promener, & de s'affeoir fucceffivement, pour tirer plus de fruit de la promenade, en mêlant l'action & le repos. Nous recommençâmes ainfi notre entretien jufqu'à l'heure du fouper, & nous quittâmes nos Efpagnols, fans prévoir l'occafion que nous aurions bientôt de les réjoindre.

Nous nous mîmes à table en arrivant chez nous. J'invitai notre Hôte à nous tenir compagnie, comme je faifois quelquefois ; nous lui racontâmes ce qui nous étoit arrivé au Prado, & nous lui dîmes le nom d'un des quatre Efpagnols, tel que nous l'avions entendu prononcer plu-

plusieurs fois par les autres. La rencontre est plaisante , nous dit Dom Porterra ; le Signore Allonso Riquez dont vous parlez , est le propre frere de mon épouse. C'est un Avocat au Conseil des Indes , qui a du merite & de la reputation. Vous ne serez pas fâché de le connoître plus particulierement , & c'est un honneur que je veux lui procurer en vous menant chez lui. Nous y consentîmes pour le lendemain. Avant que de le voir , continua Dom Porterra , il faut que je vous amuse un moment par le recit d'une avanture fort extraordinaire qui a fait sa fortune ; car il est riche, & c'est moins par interêt que par inclination, qu'il exerce la profession d'Avocat. Alonso Riquez est Portugais d'origine. Son pere qui étoit Intendant de la maison du Comte de Fonteira , suivit ce Seigneur lorsqu'il vint s'établir en Espagne ; il trouva à propos d'y prendre lui-même un établissement , après avoir perdu son maître , & se voiant à son aise par la liberalité du Comte , il pensa à se pourvoir de quelque em-

emploi qui pût lui donner un rang & un titre à Madrid. L'occasion s'en presenta bientôt, mais il eut à surmonter tant de concurrens qui avoient les mêmes vûes que lui, qu'il ne put l'emporter sur eux sans se faire des ennemis considérables. L'amour de la vengeance regne en Espagne comme en Italie. Un des ennemis de Francisco Riquez (tel étoit le nom du pere d'Alonso) emploia tous les moiens imaginables pour le ruiner de credit, & de reputation. Francisco se soutint heureusement, mais il usa peut-être avec un peu trop de fierté de ses avantages, & poussa trop loin un ennemi qu'il avoit fait plier ; de sorte que celui-ci ne consultant plus que la rage & le desespoir, prit le parti de se venger par un assassinat. Le malheureux Francisco fut tué le soir, comme il rentroit seul dans sa maison. Son meurtrier évita le châtiment par la fuite, mais tous ses biens furent confisquez, à la reserve d'un fonds mediocre que la Justice assigna pour la nourriture & l'éducation de sa fille unique qui

n'avoit

n'avoit que douze ou quinze mois, & qui fut mise peu aprés dans un Couvent : elle s'appelloit Donna Maria. Francisco Riquez laissoit de son côté deux enfans, que sa femme avoit eu d'une même couche, & qui étoient encore à la mammelle. L'un est Alonso, & l'autre mon épouse. Leur mere les fit élever soigneusement. J'épousai la fille lorsqu'elle eut atteint sa seiziéme année. Alonso, qui perdit en même tems sa mere, vint demeurer chez moi, & son inclination le portant au Barreau, il s'y appliquoit tranquilement à l'étude du Droit. Ses talens naturels aidez d'une continuelle application, le firent connoître si avantageusement, qu'avant sa vingtiéme année il se vit chargé de plusieurs causes considérables, dont le succés augmenta encore sa reputation. La Superieure d'une Maison Religieuse lui remit une affaire importante, qui demandoit tous ses soins. Il fut obligé de l'aller voir souvent pour en tirer les lumieres nécessaires ; & comme il est d'un caractere fort

Tome III.   C   hon-

honnête , il fit connoiffance avec la plûpart des Religieufes & des Penfionnaires. C'étoit juftement dans cette Maifon que Donna Maria , la fille du meurtrier de fon pere, étoit renfermée. Il la vit, il la trouva belle fans la connoître, & fon cœur s'accoutuma à l'aimer, avant qu'il pût favoir qu'il étoit obligé de la haïr. Il me parla d'elle un jour , comme d'un objet dont il étoit charmé. La connoiffant encore moins que lui , je ne fis pas difficulté de lui répondre , que puifqu'il étoit tems qu'il penfât au mariage , il ne pouvoit mieux faire que d'époufer une perfonne qu'il trouvoit fi fort à fon gré ; qu'il falloit s'informer qui étoit cette fille , voir fes parens ; & l'obtenir d'eux ; que c'étoit un préjugé avantageux pour elle , d'avoir toûjours été élevée dans une Maifon Religieufe. Il me parut fort fatisfait de l'approbation que je donnois à fon amour, & il me pria de m'informer moi-même de tout ce qui regardoit fa maîtreffe. Je ne tardai gueres à l'être parfaitement. Deux jours après je fus

en

en état d'en parler à Alonso, & je lui découvris naturellement ce que j'avois appris, ne doutant point que cette connoissance ne le fît changer tout d'un coup de sentiment. Je me trompois. Il étoit trop enflammé pour pouvoir se dégager sans peine. Vous me mettez le poignard dans le cœur, me dit-il en pâlissant ; il faut que je meure, si Donna Maria n'est point mon épouse. Ecoutez, lui répondis je, c'est à vous à examiner si l'honneur vous permet d'épouser la fille d'un assassin, & ce qui est encore pis, de l'assassin de votre pere. Voiez, consultez-vous. D'ailleurs cette fille est sans bien, vous n'étes pas assez riche pour faire la fortune d'un autre, tout cela merite bien que vous vous fassiez un peu de violence, pour renoncer à une affection où vous trouveriez si peu d'honneur & d'avantage. Alonso ne répondoit rien. Etes-vous aimé ? repris-je ; avez-vous déja quelque engagement avec votre maîtresse ? Il me dit qu'il avoit eu l'occasion de l'entretenir plusieurs fois, & qu'il croioit n'en

C 2

être

être pas haï. Si vous êtes sûr de son cœur, repartis-je, & que vous ne puissiez vous résoudre à lui ôter le vôtre, je vous conseille de l'engager à quitter son Couvent, & de l'entretenir en secret sur le pied d'une simple maîtresse; vous satisferez ainsi tout à la fois votre amour & votre reputation. Ah! que me dites-vous? repliqua-t-il; elle est trop sage pour y consentir, & c'est sa sagesse même qui m'a attaché à elle, autant que sa beauté. Contentez-vous donc, lui dis-je, car je vois bien que vous y êtes résolu, & que mes conseils sont inutiles. Je me levai pour me retirer; Alonso me retint, & après quelques momens de réfléxion: Savez-vous, me dit-il, à quoi je pense, & le parti que je veux prendre? J'épouserai Donna Maria, & je me retirerai avec elle en Portugal. Mon pere en étoit, j'y trouverai tous mes parens, qui ne connoîtront point mon épouse, & je sauverai ainsi mon honneur & ma passion.

J'aurois perdu mes peines à combattre ce nouveau projet. Je quittai
Alon-

Alonso en lui promettant tous les secours qu'il pouvoit attendre de mon amitié. Il me fit souvenir quinze jours après de ma promesse, & me pressa de lui rendre un service dangereux. Donna Maria avoit consenti à l'épouser & à le suivre en Portugal ; il l'avoit fait sortir du Couvent, & en attendant qu'il eut mis quelque arrangement dans ses affaires, il lui avoit fait prendre un appartement dans la ville avec une fille de chambre qu'il lui avoit donnée de sa main. Il alloit passer chez elle une partie du jour, & il emploioit le reste à prendre des mesures pour son départ. Un matin qu'il sortoit de chez moi pour s'y rendre à l'ordinaire, la fille de chambre, qui savoit notre demeure vint lui donner un avis secret qui le jetta dans un desespoir extréme. Il rentra dans sa chambre avec un air furieux, & s'étant jetté sur son lit il y passa plusieurs heures dans une violente agitation. J'entendis quelques paroles qu'il laissoit échapper ; je jugeai qu'il avoit besoin d'être consolé, & m'étant presenté

à lui , je lui demandai, la cause de
son chagrin. Si vous m'aimez, me
dit-il d'un air troublé, laissez-moi
mourir ; mais aidez moi auparavant
à me venger. Je suis trahi. Donna
Maria est une perfide à qui je veux
arracher la vie de mes propres mains,
après avoir massacré à ses yeux le
nouvel amant qu'elle me préfere.
Ensuite il me raconta que depuis
deux jours Donna Maria recevoit
le soir dans sa chambre un incon-
nu, avec lequel elle passoit une
partie de la nuit sans témoins ; que
la fille de chambre avoit ordre pendant ce tems là de veiller à la porte pour l'écarter lui-même & tous
ceux qui se présenteroient ; que celle-ci en lui donnant avis de tout
l'avoit assuré que son rival devoit
encore se trouver au rendez-vous
le même jour , mais que ce seroit
le dernier de sa vie, puisqu'il étoit
résolu de la lui ôter , & de percer
ensuite le cœur de son indigne maîtresse. Il ajoûta mille choses, telles
que la rage les inspire, & lorsqu'il
fut las de crier & de se plaindre, il
finit en me priant de lui prêter mon
se-

ſecours pour aſſurer ſa vengeance : elle me parut ſi juſte , que je lui donnai parole de l'accompagner. Nous nous munîmes tous deux d'une bonne épée & chacun d'un piſtolet. Le ſoir vint : nous allâmes nous poſter dans une allée qui étoit à deux pas de la maiſon de Donna Maria. Le galant ne tarda point à paroître. Je voulois l'attaquer avant qu'il fût entré dans la maiſon, Alonſo m'arrêta ; Il faut, me dit-il, que la ſcene ſe paſſe aux yeux de l'infidele. Je ſuis convenu avec la fille de chambre qu'elle m'ouvrira la porte , lorſque les deux victimes que je veux immoler ſeront enſemble. Nous n'attendîmes qu'un moment ; la porte nous fut ouverte , & l'aiant fermée après nous, Alonſo me fit demeurer dans l'antichambre : pour lui , mettant l'épée à la main , il entra bruſquement & ſe fit voir à Donna Maria dans un état terrible , elle jetta un grand cri à cette vûe ; & comme il alloit percer celui qu'il prenoit pour ſon rival , elle lui dit en ſe jettant ſur ſon bras ; Ah ! cher Alonſo,

C 4

qu'al-

qu'allez-vous faire? c'eſt mon pere
à qui vous ôtez la vie. Le ſecours
ne put être aſſez prompt pour empêcher l'épée de pénétrer. Alonſo
la retira toute ſanglante, & ſe jetta
ſur un fauteuil. J'entrai dans cet
inſtant. Je les trouvai tous trois
dans la ſituation la plus touchante.
Donna Maria étoit à genoux entre
ſon pere & ſon amant, & tenoit à
chacun une de leurs mains ; le pere　(car c'étoit effectivement lui-
même) nageoit dans un ruiſſeau de
ſang ; & ſembloit prêt d'expirer.
Pour Alonſo, il étoit comme im-
mobile ſur ſa chaiſe, ſon épée étoit
tombée à ſes pieds, & ſes yeux
rouloient au hazard comme ceux
d'un homme qui eſt abſolument
hors de ſoi. Je le fis ſortir de ce
tranſport en le pouſſant rudement,
& je lui repréſentai que l'état où
étoient les choſes méritoit quelque
attention. Eh! mon cher Porterra,
me dit-il, en ſe levant, ſuis je capable de prendre une réſolution dans
le trouble horrible où je ſuis? Voilà ma maîtreſſe , voilà le meurtrier
de mon pere , en ai-je trop fait ?
En

En ai-je fait affez ? & de quelque
maniere que puiffe tourner cette
avanture, ne fuis-je pas le plus
malheureux de tous les hommes ?
Il fe jetta fur un lit fans attendre
ma réponfe, & il pouffoit mille
foupirs en homme defefperé. Pendant ce tems-là Donna Maria aidée
de fa fille de chambre, avoit arrêté
le fang de fon pere & lui avoit rap-
pellé la connoiffance. Ce pauvre
homme fentit bien néanmoins que
fa fin étoit proche. Il me pria d'engager Alonfo à s'approcher de lui.
J'en vins à bout avec affez de peine.
Je meurs, lui dit-il, vous étes vengé Seigneur Alonfo, mon exemple
fera une nouvelle preuve que le
Ciel ne laiffe jamais le crime impu-
ni. Après m'avoir perfecuté par
des remords qui durent depuis vingt
ans, il me ramene à Madrid pour
y périr de la main d'un homme
dont j'ai tué le pere injuftement.
Je vous pardonne ma mort. Quelque raifon que vous puffiez avoir
de la fouhaiter, je fais qu'aimant
ma fille vous ne me l'auriez pas
donnée, fi vous m'euffiez connu.

C 5

Par-

Pardonnez moi auſſi celle de votre
pere, & je mourrai content. Il eſt
tems que nos haines finiſſent. Vous
jugerez de la ſincerité de ma recon-
ciliation par ce que je vais faire pour
vous. Depuis que j'ai quitté Madrid, j'ai fait le voyage des Indes,
& je m'y ſuis enrichi par le commerce ; s'il eſt vrai , comme ma
fille me l'a dit, que vous l'aimez
& qu'elle vous a donné ſa foi , uniſ-
ſez vous avec elle , & jouiſſez enſemble de tous les biens que j'ai ac-
quis ; je ne deſire plus d'autant de
vie qu'il m'en faut pour vous les aſſurer. Approchez , ajoûta-t-il , em-
braſſez moi ſans horreur. On n'eſt
point ennemi quand on ne ſe hait
point , & vous ne devez plus me haïr
après m'avoir puni.

J'attendois avec inquiétude , continua Dom Porterra, quelle ſeroit
la réponſe d'Alonſo. Ses regards
paroiſſoient encore incertains ; mais
les aiant laiſſé tomber ſur ſa maîtreſſe & aiant rencontré les ſiens , je
ne doutai plus que ſon cœur ne ſe
laiſſât vaincre. Il alloit répondre
favorablement lorſqu'un bruit ſou-
dain

dain nous obligea de tourner la tête
vers la porte de la chambre : Nous
vîmes entrer une douzaine d'Algua-
fils, armez jufques aux dents, qui
fe faifirent de nous fans réfiftance
dans l'étonnement où leur appari-
tion nous avoit mis. Ils commen-
cerent par nous defarmer ; & voiant
les traces du fang qui avoit coulé
de la bleffure du pere de Donna
Maria, ils nous conduifirent tous
fans autre examen dans la prifon
publique. Ils eurent même l'inhu-
manité d'y trainer le bleffé en le
foutenant par deffous les bras. Nous
jugeâmes que les voifins aiant entendu le bruit qui s'étoit fait chez
Donna Maria, en avoient averti la
Garde de la ville. On nous laiffa
vint-quatre heures dans une même
chambre de la prifon, fans pouvoir
obtenir de parler à perfonne, fi ce
n'eft à ceux qui nous apporterent à
manger. Nous tînmes confeil entre nous fur le parti que nous devions prendre dans une fi trifte con-
jonéture. Alonfo nous inftruifit
de la maniere dont nous pourrions
répondre à l'interrogation. Il fallut

la

la subir le lendemain, & nous nous
accordâmes à dépofer que le malheur arrivée chez Donna Maria étoit
un effet de jaloufie ; crime qui fe
remet facilement en Efpagne. L'Officier qui nous interrogeoit parut
content de nos réponfes, ce qui
nous fit efperer que notre affaire
tourneroit heureufement : Mais vers
la fin du jour la bleffure du pere de
Donna Maria, que les Chirurgiens
avoient vûe trop tard, empira de
telle forte que nous craignimes
beaucoup pour fa vie. Il fentit lui-
même le péril, & dans l'apprehen-
fion d'être furpris par la mort, il
demanda de l'encre & du papier
pour confirmer par écrit le pardon
de fa mort qu'il avoit accordée à
Alonfo, & la donation qu'il lui
avoit faite de tous fes biens. Il y
apporta toute l'exactitude poffible,
en marquant non feulement dans
les mains de qui il avoit depofé fes
richeffes, mais de quelle nature elles étoient & en quel nombre. A-
lonfo fut extrémement attendri de
cette attention, & ne put s'empêcher de verfer des larmes en per-
dant

dant ce bon homme qui mourut deux jours après. Cependant cette mort rendit notre affaire plus mauvaife. Nous fumes feparez prefque auffitôt, & renfermez plus étroitement. Alonfo qui avoit l'ufage du Barreau en fentit les confequences, il prit le feul parti qui pouvoit nous empêcher de périr. Son mérite l'avoit fait connoître & eſtimer de quantité de perfonnes de diſtinction, & fur tout du Duc d'Offonne qui le confideroit particulierement. Il prit la liberté de lui écrire & de le fupplier très-refpectueufement de le venir voir dans fa prifon. Le Duc y vint par amitié. Alonfo lui découvrit toute fon hiſtoire, non feulement dans les dernieres circonſtances, mais en commençant depuis le meurtre de fon pere jufqu'à la mort de l'affaffin. Il le conjura d'en faire un rapport fidele au Roi, perfuadé que ce Prince dont la bonté eſt connue de toute l'Efpagne, trouveroit des motifs de mifericorde dans une avanture fi finguliere & fi touchante. Le fuccés répondit à l'efperance. Le Duc d'Offonne prit notre dé-

C 7

fen-

fenſe avec zele ; Philippe V. fut touché de ſes raiſons, il ordonna qu'on nous mît en liberté, & lorſque nous eumes l'honneur de nous preſenter à lui pour le remercier ; il approuva la donation du pere de Donna Maria, & ſouhaita toute ſorte de proſperitez à Alonſo dans ſon mariage.

Dom Porterra aiant fini ſon récit, nous lui marquâmes beaucoup d'impatience de voir Alonſo Riquez & Donna Maria ſon épouſe. Le reſte du ſouper ſe paſſa dans cet entretien. Je demandai au Marquis en me retirant, s'il n'étoit pas touché de ce qu'il avoit entendu. Il me répondit qu'il avoit écouté cette hiſtoire avec plaiſir, mais que ce qui l'avoit frapé davantage étoit le caractere du pere de Donna Maria, qui devenoit tout d'un coup le plus genereux homme du monde, après avoir été capable d'un lâche aſſaſſinat. Cette refléxion du Marquis me plut beaucoup, parce que je la trouvai judicieuſe. Je lui dis qu'il ne s'étonneroit point de cette contrarieté, lorſqu'il connoîtroit mieux le cœur humain. Notre cœur,

ajoû-

ajoûtai-je, eſt une eſpece de theatre où toutes les paſſions repréſentent tour à tour. Il ne demeure jamais indifferent entre le bien & le mal, parce qu'il eſt de ſa nature de former toûjours des deſirs ; il eſt ſollicité differemment ſelon la difference des objets, & il aime à ſe laiſſer entraîner par ce qui le flatte plus. Ainſi l'homme qui s'accoûtume à ceder ſans reſiſtance aux premieres impreſſions, eſt capable ſucceſſivement de l'excès du mal & du bien, à proportion de la peine ou du plaiſir qu'il trouve à ſe ſatisfaire. Le ſeul remede eſt de ſe former des principes ſolides de verité & de ſageſſe, qui puiſſent regler dans l'occaſion les penchans indeliberez du cœur. C'eſt là préciſement en quoi la probité conſiſte. Défiez-vous d'un honnête homme qui l'eſt ſans principes & ſans refléxions. Il eſt lui-même tôt ou tard la dupe de ſon propre cœur. Nous nous entretînmes encore longtems de l'avanture d'Alonſo, & voiant que cette hiſtoire avoit plu au Marquis, je l'engageai à la mettre par écrit pour

l'acl'accoûtumer à se servir facilement de sa plume. Je lui fis remarquer que c'est un défaut commun parmi les personnes de condition, de ne pouvoir arranger deux mots sur le papier. Quand il seroit pardonnable, lui dis-je, d'ignorer les sciences, il ne sauroit l'être de négliger ce qui est nécessaire pour se faire entendre dans les besoins les plus communs de la vie. La necessité d'écrire revient presque aussi souvent que celle de parler. On a du moins des lettres à faire, & l'on ne pense point que, si c'est avec un homme d'esprit qu'on est en commerce, sa premiere attention tombe sur le stile, & qu'il en rit malignement s'il le trouve grossier & mal construit. Ajoûtez à cela que c'est une occupation trés-douce que de s'entretenir soi-même en écrivant ses pensées. La solitude la plus profonde n'est jamais ennuieuse pour une personne qui sait lire & écrire avec goût.

Le Marquis n'oublia pas le lendemain après dîner, que nous devions aller chez Alonso Riquez.

Dom

Dom Porterra nous y conduifit. Alonfo nous reconnut, & fut furpris de nous voir avec fon frere. Nous lui apprîmes que nous demeurions chez lui, & nous lui marquâmes de la joie de cette heureufe rencontre. Il en parut aufli fatisfait que nous. La converfation devint fort agréable, & l'aiant fait tomber infenfiblement fur l'avanture de fon mariage, Dom Porterra en prit occafion de le prier de nous faire connoître fon époufe. Il la fir appeller au même moment. Nous la trouvâmes digne de ce qu'il avoit fait pour elle. Mais comme elle n'entendoit pas notre langue, nous ne pûmes juger de fon efprit ; elle fe retira après avoir demeuré quelques momens avec nous. Alonfo nous invita à fouper. Nous lui promîmes de revenir chez lui après la Comedie que le Marquis fouhaitoit impatiemment de voir. Dom Porterra fut encore notre guide. On repréfenta une piece de Lope de Vega que nous n'entendîmes point. J'étois feulement attentif aux mouvemens des Acteurs, & je jugeai

par

par leurs agitations que la piece devoit être pleine de sentimens. Pendant que j'avois les yeux attachez
sur le theatre, le Marquis s'occu-
poit à considerer les spectateurs. Il
avoit le visage tourné vers l'amphi-
theatre, où toutes les Dames étoient
rassemblées sans être accompagnées
d'un seul homme ; elles eurent tout
le tems de le remarquer ; & ce fut
apparement ce qui lui attira en
sortant quelques galanteries. Deux
jeunes filles fort jolies & des mieux
mises lui proposerent d'aller faire
une promenade au Prado ; il les
remercia civilement : elles, sans se
rebuter, le prirent par la main pour
l'y conduire, & peut-être se seroit-
il laissé entraîner s'il eut été seul,
mais nous priâmes les deux Demoiselles de le laisser libre.

Un moment après nous vîmes
une vieille femme s'approcher doucement de lui ; elle étoit couverte
d'une longue mante, *Signor Cavallero*, lui dit elle en Espagnol, vous
êtes un aimable jeune homme qui
meritez une jolie maîtresse ; je vous
en offre une qui n'a que seize ans,

&

& qui n'eſt point encore ſortie de mes mains. Suivez-moi, je vais faire votre bonheur. Le Marquis répondit qu'il ne ſavoit point l'Eſpagnol, & continua de marcher avec nous. Tandis que Dom Porterra lui expliquoit en riant le diſcours de la vieille, nous la vîmes revenir avec un billet qu'elle préſenta au Marquis. C'étoit ſon adreſſe, & l'âge de la jeune fille qu'elle lui avoit propoſée. Nous fîmes la guerre au Marquis ſur ces deux avantures dont il paroiſſoit un peu touché, & nous nous rendîmes chez le Signor Alonſo, où nous trouvâmes groſſe compagnie qui nous attendoit.

Il avoit invité les trois Eſpagnols avec leſquels nous l'avions rencontré la veille au Prado, croiant nous faire plaiſir de nous mettre avec des perſonnes de connoiſſance. Il s'y en trouva deux autres qui nous étoient inconnus, de ſorte que nous étions neuf à table. Le repas fut ſervi proprement. Il commença avec une gravité qui me fit craindre de m'y ennuier beaucoup,

mais

mais peu à peu le front de nos Espagnols se dérida, & l'on ne pensa plus qu'à rire. Il y avoit dans cette assemblée deux Marchands, dont l'un étoit revenu nouvellement du Perou, un homme sans emploi qui vivoit de son bien, un jeune Cavalier qui faisoit profession de bel esprit, & un Procureur du Conseil des Indes où Alonso Riquez étoit Avocat. Je me sers des noms qui sont en usage en France, pour ne pas herisser ma narration des termes Espagnols.

C'étoit une bourgeoisie renforcée, qui sans avoir les manieres fines de la Cour, ne manquoit ni d'esprit ni d'usage du monde. Le Cavalier, bel esprit, domina longtems par sa facilité à s'exprimer, & par une abondance de traits agréables dont il sembloit qu'il eût fait provision, tant il les débitoit rapidement. Il parla de Poësie; il porta son jugement sur la plûpart de nos meilleurs Auteurs, soit qu'il les eût lûs, soit qu'il repetât ce qu'il avoit entendu dire à d'autres. Corneille & Saint Evremont attirerent

tou-

toutes ses louanges. Crebillon fut
nommé aussi avec éloge, & l'Espagnol prenoit plaisir à nous en re-
citer de grands lambeaux. Je con-
viens, lui dis-je, que ces trois Auteurs sont d'un grand prix, en y
mettant néanmoins quelque difference; mais vous ne nous parlez
point de Racine, de Moliere, de
Boileau, & de quantité d'autres
dont la France se fait pour le moins
autant d'honneur que de ceux que
vous avez nommez. Boileau, me
répondit-il, est sec & pedant à force de vouloir être chatié. Racine
est un *pleureux*, qui n'est propre
qu'à attendrir des femmes & à amollir les hommes, sans inspirer le
moindre sentiment de vertu. Moliere a de l'esprit, & peint fort bien
le ridicule des mœurs, mais il doit
ses plus beaux traits à nôtre Espagne.
Son Tartuffe, son Ecole des Femmes, son Festin de Pierre, son
Misantrope même qui passe chez
vous pour original, sont pillez de
notre Lope de Vega. Le Cavallero
qui avoit un flux intarissable de langue, fit ensuite une excursion sur

Rous-

Rousseau qu'il traita de Prince Ly-
rique ; sur Houdart de la Motte,
à qui il prétendit que son siecle ne
rendoit pas toute la justice qu'il devoit attendre de la posterité ; sur
Fontenelle dont il admira la délicatesse ; heureux néanmoins, ajoûta-
t-il, si à force de rafiner il ne se
précipitoit pas quelquefois dans le
galimathias qu'on reproche à nos
Espagnols, ce qui feroit douter de
la solidité de son jugement, si l'on
n'en avoit d'autres preuves dans les
Ouvrages de Philosophie & de Ma-
thematique qu'il compose tous les
jours. J'avoue que je fus surpris
d'entendre un Espagnol déclamer
contre le galimathias. Mais sur ce
pied là, repris-je, vous devez esti-
mer nos Prédicateurs beaucoup plus
que ceux du païs où vous étes né.
Sans comparaison, me dit-il, je
regarde les nôtres comme des enfans, qui sans savoir ce que c'est
que raisonner, croient que l'éloquence consiste à coudre de pom-
peuses phrases l'une au bout de l'autre, & qui s'imaginent avoir atteint
au sublime, lorsqu'ils ont produit
une

une penſée monſtrueuſe. Nul ordre, nul goût, nulle invention reglée. Un ſeul Sermon de Bourda-
louë ou de Flechier, vaut mieux à
mon gré que toutes les productions
de nos Prédicateurs d'Eſpagne. En
faveur d'un aveu ſi ſincere & ſi rai-
ſonnable, je paſſai au Cavallero le
mal qu'il avoit dit de Racine, quoiqu'il ſoit celui de nos Poëtes pour
lequel j'ai toûjours eu le plus de
goût. Je m'apperçûs que les autres
convives qui n'avoient nulle teintu-
re des lettres écoutoient nos ſavans
diſcours avec langueur. Je reveillai
le plaiſir de la table en rendant la
converſation generale. Je demandai
au Marchand qui revenoit du Perou
des nouvelles de Lima, & comment il avoit pu ſe réſoudre à quitter un ſi beau païs. Je fis de pareilles queſtions aux autres ſur la profeſſion qu'ils exerçoient, & nous
paſſâmes ainſi une partie de la nuit
avec une ſatisfaction reciproque.
Dans le tems que j'étois le plus occupé du récit d'une hiſtoire intéreſ-
ſante qu'Alonſo Riquez me racontoit, le Marquis ſortit de la ſalle

avec

avec Dom Porterra. Je le crus
preſſé de quelque beſoin. Une heure & deux heures paſſerent ſans
que je le vîſſe reparoître ; cette abſence commença à me donner de
l'inquiétude. Cependant comme il
étoit accompagné de Dom Porterra, je me contentai de demander à
Alonſo ce qu'ils étoient devenus.
Il me dit qu'il n'en ſavoit rien, mais
que je devois être ſans crainte, puiſque le Marquis étoit avec ſon frere. Nous continuâmes encore de
nous entretenir pendant quelque
tems. La nuit s'avançoit. Enfin al-
larmé de ne pas voir le Marquis
revenir, je pris congé d'Alonſo
pour retourner à notre logis. Je
n'y trouvai ni le Marquis ni Dom
Porterra. J'étois dans un veritable
chagrin, lorſque je les entendis
monter à notre appartement vers le
point du jour. Dom Porterra n'y
entra point, croiant que j'étois au
lit. Je m'étois couché effectivement
au premier bruit qui m'avoit aſſuré
de leur retour. Le Marquis paſſa
doucement dans ma chambre pour
ſe rendre à la ſienne ; je fis ſemblant
de

de ne le pas entendre. Il s'informa
de son valet de chambre qui le
deshabilloit, si je n'étois pas fâché
de son absence ; & aiant appris que
j'étois fort en colére, il se hâta de
se coucher sans faire le moindre
bruit.

Le lendemain je me levai assez
tard. J'appellai tout haut le valet
de chambre du Marquis , & je lui
demandai si son maître étoit revenu. Cela est fort joli , ajoûtai-je ,
de me quitter pendant trois heures
pour aller courir les rues de Madrid.
Voilà de belles marques de la consi-
deration que M. le Marquis a pour
moi. J'étois assuré qu'il m'entendoit. Il se leva sur le champ , &
vint me demander pardon en m'embrassant , & en m'appellant son cher
Papa. C'étoit le nom qu'il me donnoit lorsqu'il vouloit me caresser
avec ses manieres badines , qui
avoient dans le fond quelque chose
de charmant. Je lui dis d'un ton
serieux , & sans le regarder ; Je
vous ai assûrement beaucoup d'obli-
gation , Monsieur , de m'avoir jetté dans une inquiétude mortelle ,

en

en allant paſſer la nuit je ne ſais où : Eh ! depuis quand ſommes-nous donc convenus que nous irions ainſi chacun de nôtre côté ſans en donner avis à perſonne ? Voudrez-vous bien me dire du moins ce que vous avez fait ſi long-tems avec Dom Porterra ? Il me répondit qu'il alloit me découvrir tout , ſi je voulois lui pardonner. Achevez , lui dis je , je ſaurai ſi vous étes ſincere. Il me raconta qu'étant à ſouper chez Alonſo Ri-quez , il avoit trouvé dans ſa po-che , en prenant ſon mouchoir , le billet qu'il avoit reçû de la vieille dans la rue de la Comedie ; qu'il l'avoit montré ſecretement à Dom Porterra, & que le vin d'Eſpagne l'aiant mis d'aſſez bonne humeur, il lui avoit propoſé d'aller s'inſtruire par leurs propres yeux , ſi la petite Eſpagnole de ſeize ans étoit jolie; que Dom Porterra y avoit conſen-ti , & qu'ils y étoient allez enſem-ble.

Ce debut de narration me fit peur. Hé bien , lui dis·je , qu'avez-vous fait là ? Nous y avons ri , reprit le

Marquis , & bû d'excellentes liqueurs. La jeune fille m'a assuré, que si je l'aimois de bonne foi, je trouverois en elle la plus fidelle amante du monde. Elle m'a fait promettre que je retournerois chez elle aujourd'hui , & que je la verrois ensuite regulierement. Je lui ai promis tout ce qu'elle a voulu ; mais je suis si dégoûté de ses manieres , & des deux doigts de rouge & de blanc qui lui cachent le visage, que je ne sens pas la moindre tentation de la revoir. Et Dom Porterra , lui dis-je , que faisoit il ? il bûvoit , répondit le Marquis , & m'écorchoit les oreilles avec une guitarre. Je vous jure, mon cher Papa, ajoûta-t-il en m'embrassant , que nous n'avons fait rien davantage. N'étes-vous pas content de moi à present ? Je le suis assez de votre sincerité , répondis-je , & j'espere qu'il ne vous arrivera plus surtout la nuit , de vous écarter sans m'en avertir. Vous savez que je ne suis point d'humeur à vous gêner, & que la sagesse que je demande de vous n'est point une sa-

gesse

gesse austere & ennemie des plaisirs; mais il faut, comme vous en êtes convenu plus d'une fois, qu'elle s'accorde du moins avec l'honneur & la Religion. Il ne vous seroit pas glorieux qu'on sût que vous avez passé deux heures dans je ne sais quel lieu, & que vous eussiez conçû la moindre inclination pour une femme du caractere de celle que vous avez vûe. Ces sortes de divertissemens meritent toute l'horreur d'un honnête homme ; & quoi-qu'il n'y ait que la Religion qui les punisse, l'honneur les interdit aussi severement qu'elle.

Je laissai le Marquis s'habiller, & je fis inviter Dom Porterra à venir prendre le Chocolat avec moi. Je lui fis une verte reprimande de la liberté qu'il s'étoit donnée de servir de conducteur au Marquis. Si je n'étois d'ailleurs, lui dis-je, aussi content que je le suis de vos manieres, je quitterois sur le champ votre maison. Il s'excusa sur ce qu'il n'avoit pû resister aux sollicitations du jeune homme. Sans compter, ajoûta-t-il, que les cour-ti-

tisanes ne sont pas tout-à-fait telles à Madrid que vous pourriez vous l'imaginer. Ce n'est pas la débauche grossiere qui les mêne ; au contraire, elles font acheter cherement leurs faveurs, & nous avons des exemples de quantité de personnes qui se sont ruinées pour elles, sans en avoir pû rien obtenir. Elles veulent de la tendresse, & de la passion ; & comme elles en savent tous les rafinemens, elles se plaisent à faire passer leurs amans par tous les degrez de l'amour. Quoi qu'il en soit, repliquai-je, je ne puis approuver ce qui est arrivé, & je vous prie de ne jamais rien inspirer de semblable au Marquis.

Dom Porterra reçut si bien mes avis, que cela ne l'empêcha point de nous proposer deux jours après d'aller ensemble à Buen-retiro, qui est une Maison Roiale auprès de Madrid. Il en connoissoit particulierement le Gouverneur, ou pour parler plus juste, le Concierge, car c'étoit un homme du commun. Il nous fit un accueil très-honnête. Son nom étoit Inigo. Je ne sai

par quel hazard il avoit épousé une
Françoise, qui s'empressa de nous
venir saluer avec ses deux filles,
lorsqu'elle sçut que nous étions
François comme elle. J'avois re-
commandé à Dom Porterra de ne
pas faire connoître qui nous étions,
& n'aiant mené ni laquais ni équipage, nous passâmes pour des personnes d'une naissance ordinaire. Le
Seigneur Inigo, son épouse, & ses
filles nous forcerent par leurs manieres pleines d'amitié à passer la
nuit au château ; ils avoient la dis-
position des chambres, & pouvoient
nous faire trouver facilement des
lits. Je ne sais si je dois raconter
ce qui m'arriva la nuit, parce que
nous sommes dans un siecle délicat
où l'on ne croit point les choses
extraordinaires ; mais comme j'écris
sans interêt, je me satisferai du
moins moi-même en rapportant fi-
délement la verité. J'étois couché
dans une grande salle, dont la tapisserie representoit quelques an-
ciens Rois de Castille. Je les con-
sidérai curieusement avant que de
me mettre au lit, & je m'endormis
en

en faisant reflexion sur la caducité
des grandeurs humaines , dont il
reste à peine de simples traces au
bout de quelques siecles. Ils ne
subsistent donc plus que dans une
tapisserie , disois-je ; ces Rois qui
ont fait trembler tant de peuples,
& je suis aujourd'hui quelque chose
de plus grand qu'eux , moi qui exis-
te du moins , tandis qu'ils ne sont
plus. Mais à quel oubli dois-je
m'attendre à mon tour dans un
siecle ou deux , puisque tant de
grands Monarques , tant de Rois
riches & puissans n'ont pu s'en ga-
rantir ? Le sommeil me prit dans
ces idées ; bientôt après je crus voir
les personnages de la tapisserie se
détacher d'eux mêmes , & s'approcher de mon lit : ils ouvrirent mes
rideaux pour me faire appercevoir
au milieu de la chambre un homme
couché sur un drap noir , avec un
sceptre à la main , & une couronne
sur la tête. Je le regardai attentivement. Je le reconnus pour le
Grand Louis quatorze. Il est mort,
me dit l'un des spectres, il sera ou-
blié comme nous. Je m'éveillai le

D 4

len-

lendemain tout rempli de cette trifte image , & je fis part de mon
fonge à ceux qui voulurent l'écouter. Huit jours après on reçut à
Madrid la nouvelle de la mort du
Roi de France.

Nous demeurâmes encore juf-
qu'au foir au Retiro pour vifiter les
Appartemens & les Jardins. Rien
ne m'y parut approcher de la mag-
nificence de nos Maifons Roiales.
Inigo nous accompagnoit par tout
avec fon époufe & fes filles. Il
nous dit en riant que fon époufe a-
voit introduit dans fa maifon la liberté Françoife , & qu'elle avoit
élevé fes filles fur ce pied-là. Elles
étoient toutes deux très-bien faites,
un peu brunes , comme la plûpart
des femmes du païs, mais les yeux
d'une vivacité éblouiffante. L'après-
midi nous retournâmes au Jardin
pour y profiter d'un vent frais qui
avoit diminué la chaleur. Nous
nous promenions dans des allées
couvertes, & nous nous étions mê-
lez en marchant familiérement , &
fans diftinction. Le hazard me fit
remarquer qu'une des filles d'Inigo
fer-

ſerroit le Marquis de fort près, &
qu'elle eut l'adreſſe de gliſſer un
billet dans ſa poche. Fort bien,
dis-je en moi-même, il y a là quelque choſe de plus que de la liberté
Françoiſe. Le Marquis ſentit qu'on
avoit touché ſa poche, & y aiant
porté la main, il en tira le billet,
qu'il remit auſſitôt fort diſcrete-
ment. Je m'apperçus qu'il en regardoit la Demoiſelle avec plus de
curioſité, & qu'elle tournoit auſſi
continuellement la tête de ſon côté,
comme pour lui faciliter le moien
de la voir. Notre promenade finie,
nous remerciâmes le Seigneur Inigo, & nous reprîmes le chemin de
Madrid. A peine eumes-nous fait
dix pas, que le Marquis s'arrêta
ſous prétexte d'un beſoin naturel ;
mais aiant tourné les yeux vers lui,
je le vis tirer le billet, qu'il ſe mit
à lire avec beaucoup d'attention. Je
fis ſemblant de n'avoir rien vû. Il
nous rejoignit d'un air riant. Nous
traverſâmes le Prado, où nous eumes à ſoûtenir l'effronterie de piu-
ſieurs courtiſanes ; j'aurois peine à
croire juſqu'où elles la portent, ſi

D 5

je n'en avois été témoin presqu'autant de fois que nous mîmes le pied dans les promenades publiques. Enfin nous arrivâmes chez nous.

J'étois en doute si le Marquis me feroit confidence de son avanture, surtout étant persuadé qu'elle n'étoit sûe que de lui. Nous emploiâmes encore quelques momens à nous entretenir avec Dom Porterra, jusqu'à ce qu'on vint avertir qu'on avoit servi le souper. Lorsque nous l'eumes quitté, le Marquis tira le billet de sa poche, & me dit de la maniere la plus naturelle; Tenez, Monsieur, aidez-moi, s'il vous plaît, à déchifrer cette écriture; c'est encore de la galanterie, si je ne me trompe: il me raconta ensuite de quelle maniere il l'avoit reçû. J'avoue que cette franchise me causa une des plus vives satisfactions que j'aie jamais ressenties. J'ouvris le billet, l'écriture étoit en effet si mauvaise, que nous eumes mille peines à la lire. Le nom de la Demoiselle étoit Donna Pradina. Elle assuroit le Marquis qu'elle n'avoit jamais rien senti de si

doux

doux que les sentimens qu'il lui
avoit inspirez. Elle lui reprochoit
avec un tour assez fin, d'être venu
en Espagne pour lui faire perdre
son repos & la liberté de son cœur ;
elle lui promettoit qu'il la trouveroit si tendre, & si constante, qu'elle lui paroîtroit digne du plus fidele
attachement ; enfin elle lui marquoit
la maison d'une de ses tantes, où
elle alloit souvent, & qui n'étoit
pas éloignée de celle de Dom Porterra.

Je demandai au Marquis ce qu'il
pensoit de cela. Ce que je crois,
me dit-il, que vous en pensez vous-
même. Toutes les femmes d'Espagne sont folles ; & si cela continue,
je crois que j'aurai peine à sortir de
leurs mains. Je remarquai qu'il
prononçoit ces dernieres paroles
avec un air de complaisance ; je
lui répondis : Mon cher Marquis,
c'est un avantage bien foible que
celui dont vous paroissez vous ap-
plaudir. De votre propre aveu les
femmes d'Espagne sont folles, parce
qu'elles vous aiment ; ce n'est donc
point une sagesse que d'aimer, ni

un

un merite que de pouvoir inspirer
de l'amour. Vous estiment-elles ces
Espagnoles qui vous aiment? A peine en étes vous connu. Votre
figure qui a quelque chose de pré-
venant, votre air enjoué, vos longs
cheveux, que sais-je moi? Les
moindres bagatelles sont capables
d'imposer à une femme qui ne cher-
che que le plaisir, sans écouter la
vertu. Qu'un honnête homme est
peu touché de se voir aimé, s'il ne
l'est point par les endroits par lesquels il sent qu'il peut meriter quelque estime! Je vous pardonnerai de
vous attacher à une femme, quand
vous en aurez trouvé une qui sache
aimer en vous l'esprit, l'honneur,
la Religion & les autres qualitez
que vous devez vous efforcer d'acquerir. Il seroit impossible qu'elle
les aimât sans les posseder, & par
conséquent sans être elle-même infiniment aimable. C'est alors qu'on
s'aimeroit avec pureté, avec désin-
teressement, avec tendresse; j'ajoû-
te aussi avec constance, car l'a-
mour ne dure pas plus longtems
que ce qui l'a fait naître, & c'est la
ver-

vertu seule qui peut le faire durer toûjours.

Nous reprîmes le lendemain au matin nos exercices. Le Marquis avoit une memoire très - heureuse. L'étude de la Geographie fut pour lui un amusement de quelques jours. Je lui fis prendre ensuite quelques notions de Chronologie pour se préparer à l'Histoire, & je lui trouvai toûjours une facilité égale pour tout ce qu'il entreprenoit. J'étois charmé de voir croître chaque jour son goût pour la lecture, & l'application. Lorsqu'il fut arrivé à l'Histoire Grecque & Romaine, j'avois peine à moderer l'ardeur qui le faisoit retourner sans cesse à ses Livres. Son valet de chambre m'aiant averti qu'il passoit quelquefois une partie de la nuit à lire dans son lit, je fus obligé de lui défendre absolument cet excès, qui pouvoit nuire à sa santé. Je loue, lui dis-je, votre amour pour l'étude, mais je serois fâché qu'il devint une passion. Un homme de qualité qui est destiné par sa naissance aux grandes affaires du monde, ne doit pas se faire

un

un métier de lire & d'étudier comme un suppôt d'Université. Il suffit qu'il y prenne un goût moderé, pour emploier tous les jours quelque tems avec utilité & avec plaisir.

Vers le commencement de Septembre nous eumes la curiosité d'assister à un spectacle qui attira toute la Cour, & une partie du peuple de Madrid. Ce fut l'enterrement d'une Religieuse Carmelite, qui étoit fille naturelle du C. I. D. F. Elle s'appelloit Sœur Marianne de la Croix D... Elle étoit née à Bruxelles en 1641. & aiant été amenée à Madrid dès l'âge de cinq ans, elle avoit été renfermée dans le Monastere des Carmelites Déchaussées de cette ville, où elle avoit vécu avec beaucoup de piété jusqu'à l'âge de soixante quinze ans. Tous les Grands assistérent à ses funerailles par ordre du Roi, & le même jour Sa Majesté donna la Grandesse aux Abbesses de ce Monastere, qui est de fondation Roiale. On nous raconta que le C. I. avoit aimé avec une passion extrême la mere de Sœur Marianne D... C'étoit une

une Demoiselle Flamande de la Maison de V . . . qui avec une beauté mediocre avoit l'art d'enchanter tous ceux qui l'approchoient. Le cœur du C. I. ne fut point à l'épreuve de ses charmes, mais il eut peine à se faire aimer d'elle. Mademoiselle de V . . . s'étoit laissée toucher par la bonne mine du Comte de P . . . avec qui elle entretenoit un long commerce. Elle en fut abandonnée la premiere, & le désespoir qu'elle en eut la fit tomber dans une profonde tristesse. Le C. I. profita habilement de cette conjonćture. Il n'y eut point de fêtes ni de plaisirs qu'il n'inventât pour lui faire oublier la cause de son chagrin. Son respect, sa perseverance, & peut-être aussi l'éclat de son rang & de son nom attendrirent Mademoiselle de V . . . & ce qu'il y a de plus singulier, c'est qu'aiant été recherchée en mariage presque dans le même tems par un homme riche & de condition, elle refusa ce parti pour conserver la fidelité qu'elle crut devoir au C. I. & pour vivre à Bruxelles avec la

qua-

qualité de sa maîtresse. Exemple de constance d'une nature extraordinaire, & qui meritoit bien le peu que j'en ai rapporté.

Le onziéme du même mois un Courrier dépêché de Paris par le Prince de Cellamare Ambaffadeur d'Espagne à la Cour de France, apporta au Roi la nouvelle de la mort du Roi Très Chrétien son Grandpere. Dès le lendemain on publia ordre d'en porter le grand deuil, & deux jours après la moitié des habitans de Madrid furent vêtus de noir. Je n'ai rien vû de si aimable que le Marquis le paroiffoit dans cet habit. Je paffe fur quantité de petites avantures bourgeoifes, qui fe prefenterent dans tous les endroits où nous nous mêlâmes avec le peuple, pendant quinze jours ou trois femaines que nous paffâmes encore avec les apparences d'une condition commune. Je crus que cela fuffifoit pour faire prendre au Marquis une idée des differens états de la vie, & je réfolus de profiter de la premiere occafion pour le produire à la Cour.

ME-

MEMOIRES
DU
MARQUIS DE ***

LIVRE SEPTIEME.

J'APPRIS que le jour de Saint François le Roi devoit tenir Chapelle dans l'Eglise de ce Saint, & qu'il y seroit accompagné de tous les Grands. Il faut y paroître, dis-je au Marquis, & songer que la scene va bien changer de face : ce n'est plus à des Alonsos & à des Inigos que vous allez avoir à faire. Vous ne trouverez entre eux & les personnes de la Cour aucune différence pour ce qui re-

regarde le fond des paſſions , elles
ſont les mêmes dans tous les hommes ; mais ce qui diſtingue la Cour,
c'eſt qu'elles y ſont plus violentes,
& qu'elles ſont néanmoins plus ca-
chées. Défiez-vous donc du dehors:
familiariſez - vous de bonne heure
avec une vertu dont vous n'avez
point encore eu beſoin de faire uſa-
ge: c'eſt la prudence ; elle vous ſera
neceſſaire à chaque pas que vous
ferez. Je vous laiſſe à vous-même;
c'eſt-à-dire que vous ne devez plus
attendre pour agir , que je vous
prévienne par mes conſeils ; je me
reſerve ſeulement à vous faire appercevoir en quoi vous aurez man-
qué. Toutes vos actions ſeront de
vous : je ne vous accompagnerai
plus que pour en être le ſpectateur,
& s'il eſt beſoin pour en être quelquefois le critique.

Le Marquis entra dans l'Egliſe
avec ſa démarche noble & ſon air
brillant ; j'étois à ſon côté , deux
pas au-deſſous de lui , nous étions
ſuivis de nos trois valets. Nous
nous avançâmes vers l'endroit où
étoit Sa Majeſté. La foule des
Sei-

Seigneurs nous empêcha d'en être aperçus : mais comme nous nous étions avancez un peu au delà des bornes marquées pour ceux qui n'étoient pas connus, un Officier des Gardes parut nous regarder avec quelque émotion. Je m'en apperçus, & je compris aussitôt la faute que nous avions commise par ignorance. J'eus l'adresse de la réparer promptement en disant quelques paroles d'honnêteté, d'un air aisé & riant au Marquis de Valdecannas, auprès duquel j'étois placé ; ce qui fit croire à l'Officier des Gardes que nous étions connus. La cérémonie étant achevée, on s'ouvrit pour laisser le passage libre au Roy ; ce fut alors que nous le vîmes pour la premiere fois ; & comme nos habits de deuil étoient à la Françoise, il nous regarda un moment avant que de se mettre à marcher. Le Marquis se baissa profondément lorsque Sa Majesté passa devant lui ; Elle lui fit un signe de tête fort gracieux, en disant au Marquis de Bedmar qui étoit auprès d'elle : Voilà un François, je le

ré-

réconnois à son air, quand il n'en auroit pas l'habit. Dans le même moment, un vieux Seigneur qui suivoit le Roi, & que son grand âge empêchoit de marcher aisément, s'arrêta auprès de moi pour me demander si j'étois parti de France depuis la mort de Louis XIV. Je lui répondis que nous étions en Espagne depuis plus d'un mois. Vous êtes donc le pere de ce jeune homme, ajouta-t-il en montrant le Marquis. Je n'ai pas cet honneur là, lui dis-je ; Monsieur le Marquis est un homme de distinction qui voiage pour achever de se perfectionner dans les Cours de l'Europe, & j'ai l'honneur de l'accompagner par estime & par amitié. Il continua à me demander si nous étions connus de quelqu'un à la Cour de Madrid ; & lui aiant répondu que nous y paroissions ce jour là pour la premiére fois, il invita le Marquis qui nous joignit au même instant, à monter dans son carrosse pour aller prendre l'air à la *Calle Mayor.* C'est une autre espece de Cours qui sert de promenade

nade à Madrid. Le Marquis voiant
que cette propofition lui venoit
d'un homme fort âgé, dont l'exte-
rieur n'avoit rien de relevé, parce
qu'il étoit en fimple habit de deuil,
parut balancer un moment. Vous
paroiffez inquiet, lui dit ce Seigneur ;
je fuis Dom Jofeph de Tolede,
Duc de Montalto, j'ai autrefois eu
la curiofité de voir la France comme vous avez celle de voir l'Efpagne,
nous nous entretiendrons de votre
païs & du mien. Le Marquis lui
répondit honnêtement, & étant
fortis de l'Eglife, nous montâmes
avec lui dans fon carroffe.

Le Duc de Montalto portoit fur
fon vifage environ foixante-dix ans.
Ses manieres étoient fimples, mais
elles avoient un air de bonté qui le
faifoit aimer. Sa mémoire étoit remplie d'une infinité d'avantures de la
vieille Cour qu'il prenoit plaifir à
raconter, & fes récits étoient tour-
nez agréablement, quoiqu'il ne fût
que mediocrement le François.
J'augmenterois ces Memoires d'un
volume fi j'entreprenois d'écrire
tout ce que je pourrois rappeller

des

des longues conversations que j'ai
eues avec lui. Il nous demanda
d'abord plusieurs particularitez de
la Maison Roiale de France, & il
en prit ensuite occasion de nous
parler des Princes qui la compo-
soient dans sa jeunesse , & qu'il
avoit eu l'honneur de voir à la
Cour. Il s'étendit sur Monsieur le
Prince de Condé. Il l'avoit vû ,
nous dit-il , la premiere fois à
Bruxelles, après le siege d'Arras,
dans le tems que la Reine Christine
de Suede étoit arrivée en Flandres.
Il nous fit le portrait de cette Princesse, & le récit de l'entrevûe
qu'elle eut avec le Prince de Condé. Elle témoigna d'abord un desir
extraordinaire de le voir ; elle disoit
hautement qu'elle avoit regret qu'il
ne pût se trouver à Bruxelles une
maison assez grande pour les loger
tous deux ; que c'étoit son Heros,
& le seul homme pour lequel elle
eut de l'admiration. Il étoit alors
au siege d'Arras, elle lui écrivît
qu'elle vouloit y aller, & qu'après
lui elle ne faisoit point difficulté de
prendre l'écharpe rouge. Effectivement,

ment, continua le Duc de Montalto,
elle n'avoit pas besoin de mettre un
grand changement dans ses habits
pour paroître vêtue en homme de
guerre. Une Hongreline qui ne
differoit guére des juss'au-corps
qu'on porte aujourd'hui, & qui ne
lui passoit pas les genoux, un
mouchoir autour du col en forme
de cravate, une perruque noire,
quoiqu'elle eût les cheveux blonds,
& un chapeau chargé de plumes,
étoient son ornement ordinaire.
L'Archiduc aiant pris le devant à
la déroute d'Arras, fut la voir à
Anvers, où elle le reçut avec des
honneurs & des déferences qui allerent jusqu'à l'excès ; car elle ne se
contenta pas de l'attendre au pied
de son escalier, elle traversa une
grande cour, pour aller au-devant
de lui jusqu'à la porte de la maison
où elle étoit logée. On s'attendoit
qu'elle ne recevroit pas moins ho-
norablement Monsieur le Prince,
dont la naissance ne le cedoit qu'aux
têtes couronnées. Cependant après
la passion extrême qu'elle avoit mar-
quée pour le voir, elle s'amusa à
poin-

pointiller fur le cérémonial , lorfqu'il étoit prêt de lui venir rendre
vifite. L'aiant appris, il voulut favoir de quelle maniere elle en agi-
roit avec lui. Ceux qu'il y envoia
n'eurent point de réponfe qui pût
le fatisfaire , de forte qu'il fe réfo-
lut de ne la point voir , dans la
crainte qu'elle ne voulût faire quelque difference entre lui & l'Archiduc. Cependant comme il étoit en
chemin & qu'on le follicitoit de ne
pas rompre ouvertement avec elle,
il prit l'expedient de la voir *incogni-
to*. Il envoia tous ceux de fa fuite
lui faire la reverence , comme s'il
fût retourné fur fes pas ; & pour la
voir fans en être connu , il entra
dans fa chambre lorfqu'elle étoit
pleine de fon monde, & n'y parut
que comme un de ceux qui la fa-
luoient de fa part. Elle ne le reconnut pas d'abord ; mais s'en étant
apperçue lorfqu'il la quitta, elle
voulut l'accompagner : Il dit qu'il
lui falloit tout ou rien ; ainfi fans
attendre fa réponfe , il fortit comme il étoit venu.

Le Duc de Montalto nous avoüa
que

que cette piece fut jouée à Monfieur
le Prince par les Efpagnols , & qu'à
l'inftigation du Comte de Fuenfal-
dagne qui étoit très-mal avec lui ,
Pimentel avoit fait changer l'efprit
de la Reine qui étoit naturellement
inconftante. Je ne continue point à
raporter mille traits curieux que le
Duc nous apprit dans cette premiere converfation , de la conduite des
Efpagnols avec le Prince de Condé
& de celle du Prince avec eux. Les
conjonctures préfentes ne le per-
mettent pas. J'ai eu foin de les
écrire , elles pourront être publiées
dans des tems plus libres. Lorfque
notre promenade fut achevée , le
Duc que nous accompagnâmes
jufqu'à fon Hôtel , nous fit l'honneur de nous retenir à fouper.
Quelque refpect que j'euffe pour
lui , je me ferois bien gardé d'ac-
cepter cette offre , fi j'euffe prévû la moindre partie des peines
dont elle fut la fource pour le
Marquis & pour moi. Je n'avois
eu jufqu'alors que de la fatisfaction
de fa conduite ; il étoit tems que
je fentiffe un peu qu'il étoit jeu-

ne, & qu'il avoit des paſſions.

Je fus ſurpris de voir à table avec nous neuf ou dix jeunes Seigneurs, dont le plus âgé ne paroiſſoit pas avoir plus de trente ans. J'aime la jeuneſſe, me dit le Duc de Montalto, qui s'apperçût que je les regardois ; ces Meſſieurs ſont ou mes parens ou mes amis, ils me divertiſſent par leur humeur agréable, & je les traîte le mieux qu'il m'eſt poſſible. Nous fumes en effet bien traitez, & la joie regna pendant tout le repas. Le Marquis qui étoit liant ne tarda guéres à former connoiſſance. Je l'obſervois dans le deſſein de remarquer pour qui ſon affection ſe déclareroit davantage ; je fus aſſez ſatisfait de ſon choix ; comme on s'étoit ſeparé en diverſes bandes pour jouer ou pour s'entretenir après le ſouper, je le vis aſſocié avec deux jeunes gens, dont l'un étoit de ſon âge & l'autre plus âgé, mais tous deux d'une phyſionomie qui me parut belle & heureuſe. J'étois demeuré ſeul auprès du Duc ; il me dit : N'admirez-vous pas qu'un homme de mon âge ſoit en-

encore recherché par de jeunes gens ? Ils m'aiment parce que je les caresse, & que je me mets de leurs plaisirs. Je hais la solitude, & j'ai compris qu'à l'âge où je suis il faut un peu descendre, & se prêter quand on veut être gouté. Ma maison & ma table sont ouvertes à tous ceux qui me font l'honneur de s'y présenter. Je priai le Duc de m'apprendre le nom des deux Seigneurs qui s'entretenoient avec le Marquis. Ce sont, me dit-il, deux jeunes gens d'une haute naissance, mais qui ont moins de biens que de mérite ; l'un s'appelle Dom Juan de Paſtrino, & l'autre porte le titre de Comte de Mancenez. J'ai été ami de leurs peres, & ils continuent d'être les miens. Nous reçûmes ainſi pendant toute la soirée mille marques de la bonté de Monſieur le Duc de Montalto, & nous le priâmes en nous retirant de trouver bon que nous continuaſſions à lui rendre quelquefois nos reſpects.

Le Marquis me parla du Comte de Mancenez, & de Dom Juan de Paſtrino, comme des deux perſon-

nes

nes du monde les plus aimables, &
dont il défiroit le plus l'amitié. Il
me dit qu'ils lui en avoient témoig-
né beaucoup, & que s'étant infor-
mez de l'endroit où nous demeurions, ils lui avoient promis de
nous venir voir le jour d'après.
Je lui répondis qu'ils m'avoient paru tels qu'il les trouvoit lui même, & que le Duc de Montalto
m'avoit parlé d'eux avantageufe-
ment. Ils vinrent le lendemain a-
près-midi dans un équipage affez
propre. Nous les reçûmes très-
honnêtement. Après une converfation d'une heure, qui roula fur
les plaifirs de Madrid, & fur la
beauté des Dames de la Cour, Dom
Juan de Paftrino dit au Comte de
Mancenez qui avoit parlé prefque
feul : Tu ne nommes pas ta fœur
parmi les belles; eft-ce par modef-
tie que tu veux cacher que c'eft la
plus charmante perfonne de Madrid ? Le Comte prétendit que c'é-
toit outrer l'éloge, Dom Juan foû-
tint ce qu'il avoit avancé; & comme il le faifoit avec chaleur, le
Comte pour finir la difpute, nous
pro-

proposa d'en être les Juges, & nous engagea à nous rendre sur le champ chez lui. Je ne m'opposai point à cette partie de jeunesse. Je dis seulement au Comte, que n'aiant jamais vû ni sa sœur ni les Dames de la Cour, il nous seroit difficile de juger de leur beauté par comparaison. N'importe, reprit Dom Juan de Pastrino; il suffit de voir Donna Elisa de Mancenez pour s'assurer qu'elle l'emporte sur celles mêmes qu'on n'a pas vûes. Je jugeai par l'ardeur de Dom Juan qu'il en étoit amoureux, & j'en dis un mot au Comte, qui me l'avoua en soûriant.

Elle étoit à notre arrivée avec deux de ses amies, qui passerent dans une salle voisine lorsqu'elles nous virent entrer, sous la conduite du Comte, sans nous être fait annoncer. Le Comte étoit chef de sa famille, & sa sœur dépendoit de lui. Il lui expliqua en badinant le sujet de notre visite, & la pria de souffrir que nous la considérassions à notre aise, pour nous mettre en état de juger de sa beauté. Elle répondit avec

es-

esprit. Dom Juan à qui le bonheur de la voir n'arrivoit pas tous les jours, étoit respectueux & transi auprès d'elle tandis que le Marquis lui disoit mille jolies choses sur l'avantage qu'il avoit de lui parler & de la connoître. Pendant ce tems là le Comte de Mancenez entra dans la salle où les deux autres Dames avoient passé, & un moment après il nous les amena en les tirant toutes deux par la main. Donna Elisa étoit belle, & Dom Juan en jugeoit bien, quoiqu'avec les yeux d'un amant ; mais je ne la crus point la plus belle personne de Madrid, lorsque j'eus jetté les yeux sur l'une de ses deux compagnes. Vous viendrez malgré vous, leur disoit le Comte en les traînant, je ne souffrirai point que vous suiviez la rigueur Espagnole avec de si aimables François. Nous nous levâmes à leur entrée, & le Marquis allant à leur rencontre, leur fit un compliment civil sur la liberté que nous avions prise de les interrompre. Elles s'assirent avec nous ; & comme elles pouvoient prétendre aussi

bien

bien que Donna Elifa au premier
rang de la beauté, la queſtion de
Dom Juan ne fut pas renouvellée,
& demeura ſans déciſion.

Les belles perſonnes ont les unes
pour les autres à peu près la même
inclination, & le même goût que
les gens d'eſprit. Elles ſe lient d'a-
mitié par un ſentiment naturel qui
les porte à chercher ce qui eſt parfait comme elles. Donna Elifa
étoit intime amie de Donna Agnez
de Palafoz, & de Donna Diana de
Velez : c'étoit le nom des deux
Demoiſelles Eſpagnoles. Donna
Diana m'avoit d'abord frappé au
premier coup d'œil. Je craignis tout
d'un coup en la voiant, ce qui ne
manqua point d'arriver ; c'eſt-à-dire
qu'elle ne fît trop d'impreſſion ſur
le cœur du Marquis ; & que vif
comme il étoit, une premiere paſſion
inſpirée par une perſonne de ce mérite, ne lui fît oublier ſon devoir,
& ne me préparât mille chagrins.
Plus je la regardois, plus je croiois
remarquer en elle ce qu'il falloit
pour enflammer le Marquis, dont
je connoiſſois le fond du cœur. El-

le avoit l'œil vif & doux, comme lui l'humeur enjouée, un soûrire fin & plein de charmes, & le reste de la figure tel qu'on l'attribue aux Graces & aux Amours. Que sommes-nous venus faire ici, dis-je alors en moi même ; que ce malheureux moment va me coûter de peines ? Je me trouvai si occupé de cette reflexion, que je fus quelque tems sans prendre garde à ce qui se passoit. Enfin je me levai tout d'un coup, & je dis au Marquis, que nous n'avions interrompu que trop longtems ces Demoiselles, & qu'il falloit leur laisser la liberté que nous leur ôtions par notre présence. Il ne put se dispenser de me suivre, mais je ne m'apperçus que trop de la violence qu'il étoit obligé de se faire.

Le Comte de Mancenez & Dom Juan ne nous quitterent point. Nous allâmes voir ensemble M. le Duc de Montalto, qui nous força encore de demeurer à souper. Le Marquis ne se separa pas un moment de Mancenez, & je ne doutai point que Donna Diana ne fut l'u- nique

nique sujet de leur entretien. Nous nous retirâmes fort tard. Il ne me dit pas un mot jusqu'à la porte de notre logis , & peut-être se seroit-il allé coucher sans ouvrir la bouche, si je ne lui eusse enfin demandé d'où lui venoit cette profonde rêverie. Il me répondit qu'il avoit mal à la tête , & qu'il se trouveroit mieux après avoir dormi.

Je le fis éveiller à huit heures, pour ne pas perdre entierement ses exercices du matin. Il se leva , mais au lieu de prendre un livre , il se promena pendant une heure dans sa chambre. J'y entrai. Il parut embarassé de me voir. Qu'avez vous donc , Monsieur , lui dis-je ? vous me paroissez incommodé. Il m'assura qu'il se portoit bien. Je vois ce que c'est , repris-je , vous vous ennuiez du sejour de Madrid : Eh bien, je consens que nous partions quand vous voudrez pour Lisbonne. Il y a près de six semaines que nous sommes ici, c'est y avoir demeuré en effet assez longtems. Loin de m'ennuier , me dit - il , je souhaiterois que nous pussions passer l'hi-

ver à Madrid: Nous n'avons presque pas parû à la Cour , & vous
m'avez dit plusieurs fois que c'étoit
le principal objet de nos voiages:
Non , non , continuai-je , nous
verrons celle de Lisbonne, qui res-
semble beaucoup à celle-ci ; nous
y passerons l'hiver , & nous nous
trouverons à portée de nous embar-
quer pour l'Angleterre au commencement de la belle saison. Il m'ob-
jecta que nous attendions des Lettres de Paris : que M. le Duc son
pere n'approuveroit peut-être pas que
nous quittassions sitôt l'Espagne ;
qu'il falloit voir du moins quelques
Seigneurs Espagnols , pour lesquels
il nous avoit donné des lettres. Je
lui répondis que je me chargeois de
tout , & que Monsieur son pere
donneroit son approbation à tout ce
que j'aurois reglé. Enfin , lui dis-je,
je vais donner ordre qu'on prépare
ce qui est nécessaire pour notre départ.

Je n'ai jamais vû de tristesse pa-
reille à celle qui étoit répandue sur
le visage du Marquis. Nous demeurâmes quelque tems sans parler. Je
vou-

voulus le pouffer à bout ; j'appellai
Scoti, à qui j'ordonnai en fa préfence de difpofer notre équipage,
& de fe tenir prêt à partir deux jours
après. Je fis cependant figne de
l'œil à Scoti, qui m'entendoit à
demi mot. Il fe retira en m'affurant
que je ferois obéi. C'en étoit trop.
L'aimable Marquis fe laiffa tomber
à mes genoux, & les yeux gros de
larmes il commença quelques paroles, que je n'entendis qu'à demi.
Je le fis relever auffitôt, je l'embraffai tendrement, & l'aiant pris
par la main, je le fis affeoir fur un
fauteuil, & je me mis auprès de lui.
Vous ne m'aimez plus, mon cher
Marquis, lui dis - je, vous n'avez
plus de confiance en moi : pourquoi
me cachez-vous vos peines ? Vous
êtes affligé jufqu'à verfer des larmes,
& vous me laiffez ignorer la caufe
de vos chagrins. Ce n'eft pas là ce
que vous m'aviez promis, ni ce que
mérite la tendreffe infinie que j'ai
pour vous. Il effuia quelques larmes
qui étoient tombées de fes yeux, &
s'efforçant de prendre un vifage plus
tranquile, il me fit des excufes d'a-
E 6

voir

voir voulu me déguiser une chose
dont il jugeoit bien , me dit-il , que
j'avois pû m'appercevoir. Il m'avoua
qu'il sentoit la plus vive passion
pour Donna Diana de Velez ; qu'il
avoit essaié vainement d'y resister ;
qu'il ne se seroit pas cru capable
d'une telle foiblesse ; mais qu'étant
aussi touché qu'il l'étoit je le ren-
drois le plus malheureux de tous
les hommes , si je l'obligeois à quitter Madrid , & si je ne lui permet-
tois pas de la voir quelquefois.

Vous éprouvez donc , lui dis-je ,
ce que vous n'avez pas cru possible;
vous êtes enfin l'esclave d'une passion dont vous vous êtes flatté que
vous pourriez toûjours vous défendre. Si vous aviez suivi mes conseils , si vous vous êtiez tenu en garde contre vous-même , le seul désir d'être sage vous auroit soutenu
dans le péril , & vous vous seriez
épargné toutes les peines que votre
passion va vous causer. Mais je ne
me suis que trop apperçû que vous
les ressentez déja , je ne veux point
les augmenter par mes reproches.
Il est question , mon cher Marquis ,

de recourir promptement au remede. Je ne vous dirai point que la
beauté est un bien méprisable, &
l'amour desordonné une passion
criminelle ; votre raison n'est plus
assez libre pour le reconnoître. Mais
ce que je dois vous remettre devant
les yeux, c'est que votre honneur,
votre fortune, votre repos, & peut
être votre vie, dépendent de la résolution que vous allez prendre.
Vouz aimez Donna Diana ; que
pouvez-vous prétendre en l'aimant ?
D'en faire votre épouse ? croiez-
vous que Monsieur le Duc votre
pere, dont toutes les esperances
reposent sur vous, puisse jamais
consentir à un mariage si contraire
à ses desseins, & si vous aviez l'im-
prudence de vous y déterminer sans
son consentement, que pouvez-
vous attendre de lui, qu'une éternelle indignation ? Esperez-vous
que Donna Diana vous aime jamais
assez pour vivre avec vous sur le
pied d'une maîtresse ? Quand elle
seroit assez lâche pour cela, son
pere & ses freres le souffriront-ils
sans se venger ? Ignorez vous la dé-

E 7   lica-

licateſſe des Eſpagnols ſur tout ce
qui intereſſe l'honneur ; & vous-
même en manqueriez vous juſqu'au
point de vouloir ſéduire une fille de
condition, en qui vous trouvez aſſez
de mérite pour la juger digne de
votre cœur ? Non, non, Monſieur,
votre paſſion ne peut être que per-
nicieuſe pour vous-même ; & s'il
vous reſte un peu de raiſon pour en
conſiderer les ſuites, vous devez l'é-
touffer auſſi facilement que vous
l'avez laiſſé naître.

Je me tûs quelque tems pour attendre ſa réponſe. Il ne m'en fit
aucune. Je me levai en le priant
de faire une attention ſerieuſe à mes
avis, & je le laiſſai ſeul dans ſa
chambre. Il y demeura juſqu'à
l'heure du dîner. Je le fis avertir
lorſqu'on eut ſervi ; il vint ſe mettre à table, après avoir dit quelques
mots à ſon laquais, & n'ouvrit la
bouche pendant le repas que pour
manger. Il mangea même fort peu,
& ſe retira enſuite à ſa chambre.
L'heure à laquelle nous avions coû-
tume d'aller en ville étant arrivée,
je dis à ſon valet de chambre d'aller

ler l'habiller. Il me fit répondre qu'il se trouvoit incommodé, & qu'il n'étoit point en état de sortir. J'appellai son laquais, qui se nommoit Deschamps, & lui aiant demandé quel ordre il avoit reçû de son maître avant dîner, je sus que c'étoit une lettre qu'il l'avoit chargé de porter au Comte de Mancenez. Je retournai à sa chambre au milieu de l'après-midi. Il s'étoit jetté sur son lit. Je lui dis d'un ton d'amitié, Est-ce serieusement que vous vous sentez incommodé? vous me donnez de l'inquiétude, & vous me feriez plaisir de me dire du moins quelques paroles. Il ne me répondit qu'en poussant un soûpir. Je m'assis auprès de son lit, & je pris une de ses mains pour lui tâter le poulx. Ce n'est pas là qu'est le mal, me dit-il tristement; & quand vous me demandez si je suis incommodé, vous savez trop bien quelle est ma maladie. Est-il possible, Monsieur, repliquai je, qu'un discours aussi raisonnable que celui que je vous ai tenu tantôt, ne fasse point d'impression sur votre esprit? Quel

est

est donc votre deſſein ? Il ſe leva à
cette queſtion , & s'étant aſſis ſur
le bord de ſon lit , il me pria de
l'air le plus ſerieux que je lui euſſe
vû prendre juſqu'alors , de vouloir
bien l'écouter. Mon deſſein, Monſieur , me dit-il , n'eſt pas comme
vous le diſiez tantôt , d'épouſer
Donna Diana malgré mon pere ou
ſans ſon conſentement : je ne penſe
pas non plus à faire d'elle une maîtreſſe. Pourquoi me ſoupçonnez-
vous d'avoir des ſentimens dont
vous devez me connoître incapa-
ble ? Je ne vous demande que la
liberté de la voir , parce que je ſens
que je ne puis vivre ſans cette ſatisfaction. Si vous avez jamais aimé,
vous l'avez fait ſans doute en hon-
nête-homme ; m'eſt-il donc impoſſible d'aimer de même ? Vous craignez
peut être que je ne m'enflamme davantage en la voiant : Non : je ne
ſaurois l'être plus que je le ſuis. Je
la verrai, je lui dirai que je l'aime,
je l'aimerai effectivement toute ma
vie , & j'attendrai notre retour à
Paris , pour obtenir de mon pere
qu'il me permette de l'épouſer :
mais

mais souffrez que je la voie : accordez-moi une satisfaction si innocente, ou arrachez moi la vie ; car esperer que je partirai après demain pour Lisbonne, c'est vous mettre ma mort : Je me la donnerois avec mon épée, si mon seul désespoir n'étoit pas capable de me la procurer.

Ce discours d'un jeune homme qui avoit à peine dix-huit ans m'épouvanta. Je l'aimois d'ailleurs si tendrement, que ses moindres peines m'étoient sensibles. Je pris le parti de le consoler par ma réponse. Ne craignez pas, lui dis-je en riant, que je contribue à votre mort ; j'exposerois ma vie pour sauver la vôtre. Nous verrons Donna Diana, si cela est nécessaire à la conservation de vos jours. Je trouve même vos intentions pures & raisonnables ; & c'est pour les avoir ignorées, que j'ai combattu tantôt votre passion. Mais au nom de Dieu & de l'honneur, souvenez-vous qu'il y a des foiblesses en amour qui sont indignes d'un honnête homme, & que plus Donna Diana a de mérite, plus

vous

vous êtes obligé de la respecter &
de ménager sa gloire. Cette réponse
mit le Marquis au comble de sa
joie. Il me baisa mille fois la main,
& ne se lassoit point de m'appeller
son cher Papa. Il voulut savoir
quand nous irions chez le Comte
de Mancenez pour y voir la belle
Donna Diana qui y alloit passer
ordinairement l'après dîner avec
Donna Elisa. Je le portai à differer
sa visite au lendemain pour prendre
le tems de se remettre un peu de
l'agitation où il avoit été. Je le
priai en suite de me donner une satisfaction à mon tour ; c'étoit celle
de me dire où il avoit envoié son
laquais avant midi. Cette demande
le fit rougir. Cependant après y
avoir pensé un moment, il ouvrit
sa cassette, d'où il tira la copie
d'une lettre qu'il avoit écrite le matin. Il m'avoua avant que la lire,
qu'il avoit fait confidence de sa passion au Comte de Mancenez , & que
n'étant point assuré de pouvoir parler sitôt à Donna Diana, il avoit
prié le Comte de lui faire rendre
une de ses lettres ; qu'il comptoit
de

de le voir ce jour là, & de la lui remettre lui-même, mais que notre
petite querelle lui aiant ôté l'envie
de fortir, il en avoit chargé fon
laquais. Il m'abandonna enfuite fa
copie. Je la conferve encore avec
plufieurs autres, & je ne fais ici
que la tranfcrire.

,, Je ne me fais pas un mérite,
,, Mademoifelle, d'admirer vos
,, charmes & d'en reffentir tout le
,, pouvoir. Quel cœur affez barba-
,, re pourroit vous avoir vûe, fans
,, devenir fenfible ? Mais s'il eft
,, permis de fe louer quand on par-
,, le a ce qu'on adore, vous ne
,, trouverez pas de cœurs qui fa-
,, chent mieux fentir le prix du vô-
,, tre, & former des fentimens plus
,, dignes de vous que le mien. Je
,, ne prie pas l'amour de vous at-
,, tendrir fitôt en ma faveur ; ce
,, bonheur mérite un fiecle de fer-
,, vices & de foins : Je le conjure
,, feulement de vous faire apperce-
,, voir la fincere ardeur de ma paf-
,, fion, parce qu'il eft impoffible
,, que tôt ou tard vous n'en foiez
,, pas touchée. Permettez que cette
,, efpe-

,, esperance me conduise tous les
,, jours chez Monsieur le Comte
,, de Mancenez, & que mon respect
,, vous y exprime la tendresse invio-
,, lable avec laquelle je fais vœu
,, d'être toute ma vie &c. "

Le Marquis DE ROSEMONT.

Comment ? dis-je au Marquis, c'est là ce qui s'appelle de la galanterie la plus fine & la plus passionnée. Est-ce la nature toute seule qui vous en a tant appris ? Il faut que vous aiez pillé cela dans quelque Roman. Il m'assura que tout étoit de lui jusqu'au moindre mot, & qu'il n'avoit jamais lû de Romans, si ce n'étoit les deux que j'avois achetez à Bourdeaux, c'est-à-dire Telemaque & la Princesse de Cleves. Je vous conseille, lui dis-je, de n'en lire jamais d'autres. Un homme plus severe que moi en retrancheroit même la Princesse de Cleves ; car le fruit qu'on en peut tirer pour se former le style, n'égale pas le péril auquel on s'expose de s'amollir le cœur par une lecture
trop

trop tendre. Il en eft de même
d'une infinité d'autres qui peuvent
paffer pour bien écrits : l'efprit fe
polit fans doute en les lifant, mais la
fageffe & la vertu en reçoivent toûjours quelque atteinte. On s'émeut,
on fe paffionne, on éprouve tous les
mouvemens de haine & d'amour,
de pitié & de vengeance, dont on
voit qu'un feint perfonnage eft animé, & l'on tomberoit infailliblement
dans les mêmes foibleffes, fi l'on
en trouvoit les mêmes occafions.
Quelque prévenu qu'on foit aujourd'hui, ajoûtai-je, contre les
Romans heroïques tels que Caffan-
dre, Cleopatre, le grand Cyrus,
Polexandre, &c. j'aurois moins de
peine à les mettre entre les mains
des jeunes gens, que cette multitude d'hiftoires amoureufes & de Nouvelles galantes qu'on eft dans le goût
d'écrire depuis trente ou quarante
ans. En voulant peindre les hommes
au naturel, on y fait des portraits
trop charmans de leurs défauts ; &
loin que de pareilles images puiffent
infpirer la haine du vice, elles en
cachent la difformité pour le faire

ai-

aimer. Au lieu que dans les Romans héroïques rien n'est appellé vertu que ce qui en mérite le nom. Si l'amour y joue les premiers rôlles, il y produit du moins des sentimens si nobles & de si grandes actions, qu'un lecteur n'y sauroit trouver dequoi justifier ses foiblesses. Au contraire on se sent élevé au dessus de soi même, en lisant une suite d'évenemens produits par les motifs les plus sublimes ; & je craindrois moins qu'une telle lecture ne fît des lâches & des voluptueux, que des superbes qui dédaignassent le commun des hommes, & qui n'eussent que du mépris pour tous ceux qui n'auroient pas les grandes qualitez des Oroondates & des Artamenes.

Le Marquis parut l'homme du monde le plus content pendant toute la soirée. La nuit lui sembla longue, dans l'impatience de revoir Donna Diana. Son ardeur pour l'étude se rallentit un peu le matin, je m'en apperçus, & je ne manquai pas de lui dire que s'il vouloit me persuader que son amour n'avoit rien

rien de contraire à la sageſſe, il falloit que ſa conduite & ſes devoirs ordinaire n'en ſouffriſſent aucun dérangement. C'en fut aſſez pour lui faire redoubler ſon application. Le tems de ſortir étant arrivé, nous allâmes tout droit chez le Comte de Mancenez. Le pretexte étoit de lui rendre la viſite que nous avions reçûe de lui deux jours auparavant. Nous le trouvâmes avec quelques-uns de ſes amis qui avoient dîné chez lui. Le Marquis ne me vit pas plutôt engagé dans la converſation, qu'il prit le Comte à part, pour lui demander le ſuccès de ſa lettre. Le Comte lui dit qu'il l'avoit fait ren-dre à Donna Diana par une main inconnue, de peur qu'elle ne ſe crut obligée par délicateſſe à ne plus remettre le pied chez lui, ſi elle ſe défioit qu'il eût quelque connoiſſan-ce de la paſſion du Marquis; qu'il n'en auroit que plus de facilité de le ſervir à jeu couvert, qu'elle viendroit ſans doute paſſer l'après-midi avec ſa ſœur ſuivant ſa coûtu-me, & qu'il lui promettoit de l'in-troduire auprès d'elle, & de lui pro-

curer

curer même le moien de lui parler
en particulier. Au retour du Marquis je lûs sur son visage qu'il avoit
l'ame contente. Le Comte lui tint
parole. Il avoit donné ordre à un
de ses laquais de l'avertir de l'arrivée de Donna Diana ; & lorsqu'il
sût qu'elle étoit dans l'appartement
de sa sœur, il se leva en faisant
signe au Marquis de le suivre. Je
me levai aussi, & les amis du Comte
de Mancenez s'imaginant que nous
avions quelques affaires, prirent
congé de lui & se retirerent.

Nous entrâmes tous trois dans
la salle des Dames. Elles étoient
cinq ou six. Le Comte leur dit en
entrant qu'il les prioit de trouver
bon qu'il leur amenât ses meilleurs
amis ; qu'il étoit bien aise de faire
voir à des François, que l'Espagne
ne le cedoit point à la France pour le
mérite des Dames, & qu'il étoit
heureux de pouvoir nous en donner
ce jour-là une si bonne preuve en
nous faisant connoître les plus ac-
complies de Madrid. Il nous fit
ensuite servir des chaises, & pour
obliger le Marquis, il le plaça sans
affec-

affectation auprès de Donna Diana.
Pour moi, il eut la malice de me
mettre le plus loin qu'il put à l'autre bout. On s'entretint de choses
indifferentes ; & comme il y avoit
quelques-unes des Dames qui ne
savoient pas le François, nous nous
plaignîmes de la diversité des lan-
gues, qui nous privoit souvent du
plaisir d'entendre & d'être entendus.
Le Marquis profitoit du tems pendant notre entretien. Il y mêloit
quelquefois un mot ou deux pour
garder les bienséances, mais Donna
Diana attiroit toute son attention.
Je la vis rougir plus d'une fois, &
faire une reponse courte en baissant
les yeux. Tout étoit passionné dans
les mouvemens du Marquis. Je
devinois ses discours à le voir seulement. Deux heures passées auprès
de Donna Diana lui parurent trop
courtes. Il m'accusa de m'être levé
avec précipitation, & il m'en fit en
sortant des plaintes ameres.

Je les tournai en raillerie. Le Comte de Mancenez étant sorti avec nous
je lui demandai ce que nous allions
devenir. Il nous proposa d'aller chez

Tome III.   F   Dom

Dom Antoine de Salcedo Gouverneur de Madrid, & frere de la Gou-
vernante du Prince. L'affemblée y
étoit des plus illuftres, & nous y fumes vûs avec plaifir. Nous y trouvâmes entr'autres Monfieur le Comte
de Charni, & Monfieur le Marquis
de Leyde, qui nous firent mille civilitez. Nous aurions pû aifément
nous faire connoître d'eux en leur
apprenant nos véritables noms ; ils
n'ignoroient ni celui du Marquis ni
le mien ; mais je n'y voiois aucune
utilité, & j'étois bien aife d'attendre le retour de Monfieur le Duc
de Saint Aignan Ambaffadeur de
France, qui étoit abfent de Madrid
depuis quelques femaines. Il falloit
le faluer, & le prier de nous pre-
fenter à Sa Majefté dans quelque
Audience particuliere. Le Marquis
de Leyde ne laiffa pas de nous mar-
quer de la confideration. Il dit au
Marquis que nous ne devions pas
mettre de difference entre un François & lui ; que malgré fon attachement à la Couronne d'Efpagne, il
en avoit toutes les inclinations, &
que nous lui ferions plaifir de le
voir

voir famillierement fur ce pied-là.
Nous lui promîmes une vifite à fon
Hôtel. En fortant de chez Monfieur de Salcedo, nous engageâmes
le Comte de Mancenez à venir fouper avec nous. Dès que nous fumes à table, le Marquis ne manqua
point de faire tomber la converfation fur Donna Diana. Voions
lui dis je, où en êtes-vous? Il nous
déclara franchement qu'il ne fe
croioit pas fort avancé. Elle fait
que je l'aime, ajoûta-t-il, ma lettre & mes difcours l'en ont affez
perfuadée, mais elle fe défend fur
un ton qui me defefpére. Ce n'eft
ni mépris ni rigueur : elle m'a dit
plufieurs fois qu'elle m'eftimoit, &
qu'elle me verroit toûjours avec
plaifir ; mais elle affure que rien
n'eft capable d'ébranler la réfolution qu'elle a prife de n'aimer jamais rien avec paffion ; & ce qui
acheve de me tuer, continua le
Marquis, c'eft qu'elle m'a protefté,
que quand je pourrois réuffir à lui
en infpirer, elle confervera toûjours affez de force pour n'en laiffer rien appercevoir. Savez-vous,

lui

lui dis-je, quel effet cela doit produire sur vous ? des sentimens tout
pareils à ceux de Donna Diana. Elle mérite d'être aimée, mais aimez-
la sans passion. Donnez-lui toute
votre estime, & voyez-la sur le
pied d'une bonne amie. Vous vous
épargnerez par là mille peines, &
votre cœur y trouvera toûjours de
quoi se satisfaire. Il me répondit
qu'il ne pouvoit vivre, s'il n'en ob-
tenoit de la tendresse ; qu'il sentoit
trop que tout son bonheur y étoit
attaché. Le Comte qui souhaitoit
ardemment de le servir, l'exhorta à
ne desesperer de rien. Il lui dit qu'il
avoit sû de sa sœur, que Donna
Diana l'avoit trouvé aimable dès le
premier moment qu'elle l'avoit vû ;
que les personnes du sexe n'aiant
point de reserve pour leurs amies,
elle continueroit sans doute à découvrir tous ses sentimens à Donna
Elisa, & que les apprenant de sa
sœur, il ne manqueroit pas de nous
en instruire ; qu'en attendant il pro-
cureroit souvent au Marquis l'occasion de la voir ; que si nous voul-
lions nous trouver à table avec elle
dès le lendemain, il la feroit inviter

à

à dîner chez lui par Donna Elifa ;
& qu'allant à fa maifon le matin,
comme fi le hazard nous condui-
foit, il nous prefferoit de demeurer
pour y manger auffi. Le Marquis
fut extrémement fatisfait de cette
offre. Il jura au Comte une amitié
éternelle, & ne pouvoit trouver de
termes affez vifs pour le remercier.

Etant feul je fis quelques reflexions
fur l'ardeur du Marquis, & fur les
fuites de cette intrigue. Je commençai par me faire quelques reproches
de ma facilité ; mais après avoir
examiné les chofes dans le fond, je
ne regardai point comme un mal
que le cœur du Marquis fut occupé
jufqu'à un certain point par fon attachement. J'étois fûr que Donna
Diana étoit une Demoifelle vertueu-
fe & remplie de mérite. L'envie de
lui plaire, difois je, ne peut infpirer au Marquis que de la fageffe &
de la vertu. Je m'appercevois même
qu'il étoit devenu plus ferieux &
moins leger depuis qu'il étoit touché, & que dans le deffein apparemment de me rendre favorable à fon
amour, il n'avoit jamais eu tant

F 3   d'exacd'exactitude à remplir les petits devoirs que je lui avois prescrits. Je considérois d'ailleurs que la débauche la plus grossiere regne aujourd'hui communement parmi les jeunes gens de qualité ; & qu'en supposant même qu'une galanterie sage ne soit pas un bien, c'est toûjours un moindre mal que le libertinage ouvert, & que tant d'excès presque inévitables à un jeune homme vif & passionné pour le plaisir. Enfin, j'ajoûtois à ces considérations, la pensée d'un homme célébre par son esprit & par ses Ouvrages : Soit que les femmes aient naturellement les manieres plus douces & plus polies que nous, soit que le dessein de leur plaire nous éleve l'esprit & les sentimens, il est certain, dit Saint Evremont, que leur commerce est pour les hommes une école excellente, & que rien n'est plus propre non seulement à inspirer la politesse, & le bon goût des choses, mais même à former d'honnêtes gens. Toutes ces raisons me déterminerent à laisser une liberté honnête au Marquis, en veillant assez sur sa

con-

conduite pour l'arrêter s'il alloit trop loin.

L'espérance de dîner avec Donna Diana le fit lever ce jour là plus matin. Je lui en fis la guerre: il me parut pénetré du plaisir qu'il alloit recevoir, d'être librement, & comme en famille auprès de ce qu'il aimoit. Cependant sa joie étoit troublée par la crainte qu'elle n'approuvât pas la démarche du Comte, & que le ressentiment qu'elle auroit de se voir surprise, ne la rendît plus insensible. Il me demanda ce que j'en pensois. Je lui répondis que pourvû qu'il n'abusât point de la liberté qu'il alloit avoir, Donna Diana n'y pouvoit rien trouver d'offensant pour elle. Nous nous rendîmes chez le Comte. Il étoit seul, & il avoit eu la précaution d'ordonner que sa porte ne fût ouverte que pour nous. Que je vais causer de joie au cher Marquis, nous dit il, après nous avoir embrassez ; mais si ma sœur trahit Donna Diana, & si je trahis ma sœur, ajoûta-t-il en riant, au nom de Dieu ne me trahissez pas. Le moin-

dre

dre indiscretion gâteroit tout , &
nous mettroit mal sans doute avec
Donna Diana. Il nous fit ensuite
asseoir pour nous raconter que sa
sœur à sa priere avoit sondé le cœur
de son amie ; que loin d'y trouver
de la dureté pour le Marquis , elle
avoit sû par l'aveu de cette belle
personne qu'elle étoit touchée de
la plus vive tendresse ; qu'elle s'en
étoit exprimée dans des termes capables de charmer un amant;
mais.... Le Marquis n'eut pas
la patience d'attendre la fin d'un
recit qui le mettoit hors de lui-même , il interrompit le Comte de
Mançenez pour se jetter à son col,
& pour lui dire vingt fois de suite
qu'il lui devoit la vie. Ecoutez moi
jusqu'au bout , reprit le Comte.
Croiez vous que Donna Diana est
à plaindre d'avoir trop senti com-
bien vous êtes aimable ? Croirez-
vous qu'elle a versé des larmes
après avoir fait cet aveu , & qu'elle craint que la tendresse que vous
lui inspirez ne la rende la plus malheureuse personne du monde ?
Ce discours vous surprend , continua

nua le Comte, je vais vous en expliquer le myſtere, tel que je l'ai appris de ma ſœur.

Diana de Velez n'a pas dix-ſept ans accomplis : Dans une ſi grande jeuneſſe, & malgré tous ſes charmes, elle a fait un cruel eſſai des malheurs de la fortune, & la tranquilité que vous lui avez vûe n'eſt qu'un effet de ſa vertu & de ſa raiſon. Elle eſt née à Naples. Dom Diego de Velez ſon pere y commandoit la Cavalerie Eſpagnole avant les dernieres révolutions. Il s'étoit marié en Eſpagne, & après y avoir eu trois fils, il avoit perdu ſon épouſe avant que de paſſer en Italie. Etant à Naples, ſes amis l'engagerent à reprendre les chaines du mariage ; & comme il étoit alors fort riche, il ne conſulta que ſon cœur pour épouſer une jeune Napolitaine très-aimable, mais ſans biens. Il n'eut d'elle que Donna Diana. Le feu Roi d'Eſpagne mourut peu après. Vous ſavez les troubles qui ſuivirent ſa mort. Dom Diego de Velez ſe déclara hautement pour le Duc d'Anjou, & lui

ren-

rendit des services signalez en Italie.
Donna Pacilla son épouse n'aiant
pu le suivre dans toutes ses cour-
fes, l'absence & les soins de la guerre éteignirent l'amour dans le cœur
de Dom Diego. Il repassa en Espagne avec le Roi Philippe V. sans
faire attention qu'il laissoit à Naples
son épouse & sa fille qui n'y pouvoient demeurer longtems sans son
secours. Effectivement la pauvreté
où elles tomberent bientôt, & la douleur de se voir abandonnées, leur fit
mener une vie très-miserable. Donna
Pacilla écrivit envain plusieurs lettres
à son époux ; soit dureté, soit inconf-
tance, il ne leur fit pas même la grace de répondre, & elles se trouverent
ainsi dans l'extrémité du desespoir &
de la misere. Elles prirent enfin la
résolution de se rendre à Madrid, &
elles se mirent en chemin après avoir
écrit à Dom Diego pour le prévenir sur leur arrivée. Donna Diana
avoit alors huit ou neuf ans. Sa
beauté la faisoit déja remarquer.
Elle se trouva avec sa mere dans un
vaisseau qui apportoit en Espagne
la Comtesse d'Orozuna. Cette
Da-

Dame après avoir perdu son mari à Naples, venoit passer le reste de ses jours dans les terres qu'elle avoit à douze ou quinze lieues de Madrid. Elle n'eut pas plûtôt apperçû Donna Pacilla & sa fille, qu'elle eut envie de les connoître ; & aiant appris d'elles leur malheureuse histoire, elle leur offrit une retraite dans sa maison jusqu'à la conclusion de leurs affaires. Donna Pacilla l'accepta avec reconnoissance. La Comtesse les y traita avec tant d'amitié, qu'elles oublierent le dessein qui les avoit amenées en Espagne, & elles passerent ainsi quelques années avec leur bien-faitrice. Pendant ce tems-là Dom Diego de Velez, qui n'avoit pas vû arriver son épouse, & qui n'entendoit plus parler d'elle, crut que la mort l'en avoit entierement délivré. Il s'engagea dans un troisiéme mariage. Je ne sais comment cette nouvelle vint jusqu'à Donna Pacilla ; la Religion & l'honneur l'obligeoient également à s'opposer à ces nôces criminelles ; elle consulta la Comtesse, qui lui conseilla de s'y prendre

F 6

dre

dre d'abord avec douceur pour éviter l'éclat d'une opposition publique
& violente. Elles conclurent que
la Comtesse écriroit à Dom Diego
qu'elle avoit connu à Naples , &
qu'elle le prieroit de prendre la peine de se rendre à sa terre pour une
affaire de la derniere importance.
Dom Diego ne tarda point à venir.
Il eut peine à croire ce qu'on lui
apprit d'abord , il fallut pour le
convaincre lui faire voir sa femme
& sa fille. Son embarras parut extrême ; cependant il prit sur le
champ son parti, en homme qui
savoit dissimuler. Il embrassa son
épouse avec une feinte joie, il lui
fit des reproches de lui avoir laissé
ignorer qu'elle étoit au monde, il
rejetta son départ d'Italie sur la né-
cessité de ses affaires , & il l'assura
qu'il n'avoit jamais changé de sentimens pour elle. Pour ce qui regardoit son nouveau mariage, il s'excusa sur l'opinion de sa mort, &
sur le dérangement de sa fortune,
aiant perdu une partie de ses biens
au service du Roi Philippe ; il lui
protesta que quelque avantage qu'il
eut

eut trouvé à épouser une fille de
condition qui lui avoit apporté un
gros heritage, il alloit y renoncer,
& qu'il se croioit assez riche après
avoir retrouvé sa veritable épouse ;
mais, ajoûta-t-il, comme j'ai affaire à une puissante famille, il faut
que je la ménage, & je me garderai
bien de brusquer les choses ; vous
vous retirerez avec ma fille dans
une de mes terres, où vous serez
servies selon votre condition ; je
vous y conduirai moi-même, & je
travaillerai après cela à rompre le
lien où je me suis engagé impru-
demment, pour me mettre en état
de reprendre la qualité de votre
époux. Donna Pacilla étoit timide.
Loin de se défier de la sincerité de
son époux, elle eut de la joie de
le voir se porter de lui même à son
devoir, & elle résolut de suivre
exactement ses volontez. La Comtesse la pria inutilement de ne pas
quitter sa maison, elle obéit à Dom
Diego, & se rendit avec lui & Donna Diana, dans une de ses terres
qui est près de Valladolid. Il la
quitta pour retourner à Madrid,
F 7   après

après lui avoir renouvellé ses pro-
messes, & les avoir accompagnées de
mille sermens. Pendant deux mois
il ne laissa point passer de semaines
sans lui écrire, avec une tendresse
qui augmentoit chaque fois ses esperances ; mais sa credulité lui coûta
cher. Elle tomba malade tout d'un
coup, & elle se sentit d'abord si
mortellement atteinte, qu'elle ne
put s'empêcher en expirant de faire
connoître à sa fille, qu'elle ne
croioit pas sa mort naturelle. Lorsque Dom Diego eut appris qu'elle
ne vivoit plus, il se pressa d'aller
prendre Donna Diana, & de l'ame-
ner à Madrid. Elle y est depuis
cinq ou six mois, continua le Comte
de Mancenez, elle a fait connoissance avec ma sœur, qui la regarde
comme une intime amie ; je ne la
vois jamais qu'avec admiration, &
je me serois infailliblement attaché
à elle, si je n'eusse eu le cœur prévenu d'une autre passion. Tous
ceux qui la connoissent la trouvent
aussi sage que belle. Elle a rejetté
les vœux de plusieurs amans, qui
se sont presentez dans le dessein
de

de l'épouſer. Ce n'eſt pas que Dom Diego lui ait défendu de penſer au mariage ; mais la triſte mort de Donna Pacilla, ſes malheurs paſſez , la ſituation où elle ſe trouve , ſans biens , ſous l'empire d'une belle-mere qu'elle n'a pas ſujet d'aimer, & parmi des freres & des ſœurs de deux lits differens : toutes ces raiſons jointes à ſa douceur naturelle & à l'inclination qu'elle a pour une vie tranquille , lui ont fait naître le deſir de quitter le monde pour embraſſer la profeſſion religieuſe. Elle s'en eſt expliquée avec ſon pere, qui y donne les mains volontiers, & cette aimable perſonne ſe prépare à renfermer tous ſes attraits dans une obſcure ſolitude. Voilà , dit le Comte en s'adreſſant au Marquis, ce qu'elle raconta hier à ma ſœur, après lui avoir fait l'aveu des ſentimens qu'elle a conçûs pour vous. Elle eſt malheureuſe, lui diſoit-elle, de vous avoir connu ; elle veut hâter ſon entrée en Religion, elle ne veut plus vous voir ; mais je ſuis perſuadé que l'amour ſera le plus fort, & qu'il ſaura bien vous la ramemener : vous pouvez compter du moins de dîner aujourd'hui avec elle.

Je regardois le Marquis pendant tout ce difcours. Je ne fais à quoi je pourrois le comparer. Il reffembloit à une perfonne qui s'éveille à la fin d'un fonge trifte, dont elle a été effraiée pendant fon fommeil. Ses yeux étoient ouverts, mais il ne voioit rien. Il repaffoit jufqu'aux moindres circonftances du récit qu'il venoit d'entendre. Il fe reprefentoit fucceffivement Donna Diana, à Naples dans la pauvreté, en Efpagne chez la Comteffe d'Orozuna, ou auprès de fa mere mourante, & craignant le même fort dans la terre de Dom Diego. Il la fuivoit chez fon pere à Madrid, & là dans le même tems qu'il fe réjouiffoit d'apprendre qu'elle étoit devenue fenfible pour lui après avoir refifté aux pourfuites de plufieurs amans ; il étoit mortellement affligé de la réfolution où elle étoit de renoncer au monde ; & il trembloit qu'elle n'executât celle qu'elle avoit prife de ne plus le voir. Enfin il fe leva,

en

en difant à Mancenez ; Mon cher Comte , je ne fais dans quel deffein vous m'avez raconté les malheurs de Donna Diana , mais je vous avoue que tout ce que je viens d'apprendre ne fert qu'à me la faire trouver plus aimable. Je pris la parole, & je le priai de m'écouter un moment : Je puis, lui dis je , vous parler naturellement en préfence de M. le Comte , puifqu'il eft fi fort de vos amis. Votre paffion m'a paru mériter quelque indulgence, tant que j'ai ignoré les malheurs & les deffeins de Donna Diana , mais je ne vous cacherai point que je commence à la regarder d'un autre œil. Il eft queftion ici d'une affaire des plus férieufes. Vous l'aimez , dites - vous , & vous voulez en être aimé : mais vous ne fentez pas qu'il ne s'agit de rien moins que de la rendre malheureufe, en lui infpirant une paffion qui va déranger plus que jamais fa fortune. Que deviendra-t-elle fi elle s'attache affez à vous pour perdre le goût du Cloitre ? Qu'êtes-vous capable de faire pour elle ? Je ne

m'ex-

m'explique pas davantage ; mais
comptez , Monfieur , ajoûtai je
d'un ton ferme, que je ne fouffri-
rai pas que pour fatisfaire une folle
paffion vous derangiez les fages
projets d'une fille qui a du mérite,
& que vous la precipitiez peut-être
dans de nouveaux malheurs. Elle
juge fagement que dans l'état où eft
fa fortune, le Cloître eft l'unique
parti qui lui refte à choifir. Si vous
l'aimez, ne la traitez pas en ennemie, en vous oppofant à fon bonheur. Il eft encore tems de remedier
au mal ; croiez-moi, renoncez au
plaifir de dîner aujourd'hui avec
elle ; & pour ne pas perdre celui
d'être avec Monfieur le Comte,
prions-le de venir dîner avec nous.

Il feroit difficile de repréfenter
l'état où mon difcours jetta le pauvre Marquis. Il me regarda quelque tems avec des yeux où la plus
vive douleur étoit peinte. Vous
voulez donc ma mort , me dit-il
en croifant les bras : Vous la voulez, je le vois bien, car c'eft m'ô-
ter la vie fans menagement que de
me traiter avec tant de dureté. Hé
bien,

bien, Monsieur, continua-t-il, il n'est pas difficile de vous contenter; arrachez moi de cette maison, ôtez moi les moiens de voir Donna Diana, privez-moi de son affection, je vous jure que je ne survivrai pas vingt-quatre heures à cette perte. Mais pourquoi vouloir me desesperer? qu'ai-je donc fait qui vous offense? Oui, j'aime Donna Diana, & j'en veux être aimé; mais en veux-je à son honneur, à sa fortune, à sa Religion? Si c'est absolument son dessein de s'ensevelir dans un Cloître, mon amour peut-il l'en empêcher? le sien même l'arrêtera-t-il, s'il est aussi vrai que vous le dites, que je ne suis capable de rien faire pour elle? Je vous ai déja declaré mes vûes, les voici encore, & le Ciel m'est témoin que je n'en ai point d'autres; supposé que je sois assez heureux pour être aimé, je découvrirai ma naissance à Donna Diana, & l'obéissance que je dois à mon pere, je lui promettrai une fidelité à toute épreuve, je m'assurerai de la sienne, jusqu'à ce que je puisse obtenir de mon pere

le

le confentement néceffaire pour m'unir avec elle ; fi j'ai le malheur de me le voir refufer je lui rendrai alors fa foi , & fans fonger davantage à l'époufer, je me contenterai de l'aimer toute ma vie. Elle fera libre alors de fe faire Religieufe, & moi je deviendrai tout ce que le Ciel ordonnera. Que trouvez vous donc dans ce projet , qui bleffe l'honneur ou la raifon ? Soiez témoin fi vous voulez de tous les entretiens que j'aurai avec elle , vous favez que je n'ai rien de caché pour vous , & je n'ai pas deffein d'ailleurs de lui dire jamais rien qui ne puiffe être approuvé de tout le monde.

Le Marquis fe tut après cette longue harangue. Je ne pus m'empêcher de rire de la maniere dont il arrangeoit tout cela , & je lui dis en badinant que j'admirois fon amoureufe éloquence. Le Comte fe joignit à lui pour me perfuader qu'il avoit raifon. Enfin je me rendis après avoir fait valoir un peu ma bonté , & je me contentai de faire promettre au Marquis qu'il ne verroit jamais Donna Diana qu'avec moi,

moi, & qu'il me communiqueroit toûjours l'état de son cœur avec confiance. Nous ne fîmes plus que badiner jusqu'à l'arrivée de Donna Diana. Nous la vîmes entrer sans en être apperçûs. Toutes les Graces sembloient avoir conspiré à la rendre aimable. Le Marquis me prioit avec transport de considerer son air & sa démarche ; oui, lui dis-je,

Illam, quidquid agit, quoquo ves-
tigia vertit,
Componit furtim subsequiturque
decor.

Il fut charmé de la délicatesse de ces deux Vers de Tibulle & les apprit aussitôt par cœur. Après avoir laissé aux deux Dames quelque tems pour s'entretenir, le Comte nous prit par la main, & leur dit en nous introduisant, que puisqu'elles étoient ses amies il falloit qu'elles fussent aussi les amies de ses amis, *Las amigas de los amigos* ; qu'il n'en avoit pas de plus chers que nous, & que nous étant trouvez si heureusement chez lui, son dessein étoit de nous faire dîner tous ensemble.

Don-

Donna Diana rougit, la sœur du Comte répondit qu'elle nous consideroit trop pour s'en faire un scrupule. On se mit à table un moment après. On devine auprès de qui le Marquis se trouva placé, l'amour lui marqua sa chaise. Il parut au commencement du repas, d'une timidité qui me surprit. Le Comte lui en fit malignement un reproche, il ne se défendit qu'avec un soûpir. Donna Diana qui avoit parlé aussi peu que lui jusqu'alors, s'apperçut que le reproche du Comte pouvoit tomber aussi sur elle; il est pardonnable de se taire, dit-elle, quand on mange avec appetit. Cela est vrai, reprit le Comte, mais il me semble que Monsieur le Marquis parle peu & mange encore moins. Il est auprès d'une belle personne qui lui rappelle le souvenir de quelque Dame de France, & son cœur est peut-être à present bien au delà des Pyrenées. Le Marquis se voiant un peu poussé fut obligé de répondre : il se plaignit de la malice du Comte d'un air sincere & affligé. Je vous ai avoué

plus

plus d'une fois, lui dit-il, que je n'ai jamais rien aimé en France, & vous favez que je n'en fuis encore forti que pour venir en Efpagne ; ce n'eft donc pas au-delà des Pyrenées que j'aime ; mais vous voulez rire, Monfieur le Comte, & je vois bien que votre cœur eft plus tranquile que le mien. Vous parlez en amant heureux, vous mangez de même, & vous ne comprenez pas qu'un amour incertain, timide,& refpectueux puiffe ôter la parole, & l'appetit. Helas ! je ne t'envie point votre fort ; mais plaignez du moins le mien. Je vous plaindrois fans doute, repliqua le Comte, fi je connoiffois vos peines : mais vous ne me perfuaderez pas facilement qu'un homme auffi aimable que vous foit fait pour en fouffrir beaucoup. Que je ferois heureux ! s'écria le Marquis, fi la charmante perfonne que j'aime pouvoit emprunter vos yeux, & prendre de moi une fi flatteufe idée. Donna Elifa lui dit en l'interrompant, qu'il oublioit qu'il étoit à table, & qu'elle lui confeilloit de remettre à parler d'a-

mour

mour après que nous aurions bien dîné. La conversation tomba sur autre chose ; le Comte nous proposa en sortant de table d'aller faire un tour de promenade au Jardin. J'offris la main à sa sœur. Le Marquis conduisoit Donna Diana. Nous marchions à peu de distance ; de sorte qu'aiant entendu ses premieres assurances de passion, j'en pris occasion de demander à Donna Elisa si elle s'étoit apperçue qu'il adoroit son amie ? Elle me repondit en soûriant qu'il n'étoit pas aisé de s'y méprendre. J'ai fait ce que j'ai pu lui dis-je, pour délivrer Donna Diana de cette importunité, mais vous savez ce que c'est que l'amour quand il s'est saisi du cœur d'un jeune homme. D'ailleurs il faut convenir que Donna Diana est pleine de charmes, & qu'elle merite le plus sincere attachement. Vous ne connoissez qu'une partie de son mérite, me dit Donna Elisa. Elle sait que le Marquis l'aime, & sa sagesse la rend plus retenue ; mais si vous pouviez l'approfondir comme moi, & pénétrer tout son caractere, vous

la

la regarderiez comme la premiere
personne de son sexe. Je meurs de
chagrin lorsque je pense à la cruelle
résolution qu'elle a prise de se déro-
ber au monde, & je crois qu'il n'y
a rien que je ne fisse pour Monsieur
le Marquis, si son amour étoit assez
heureux pour nous la conserver.
Comment? interrompis-je avec une
apparence de surprise, elle veut renoncer au monde? Parlons sans
déguisement, reprit Donna Elisa,
vous ne l'ignorez point; je le dis
hier à mon frere, & je suis sure qu'il
vous l'a redit. Il aime trop Monsieur le Marquis pour lui cacher rien
de ce qui l'interesse. Et le dîner
d'aujourd'hui, ajoûta-t-elle en riant,
croyez vous que je ne voie pas fort
bien dans quelle vûe tout cela s'est
ménagé? mais j'y contribue de bon
cœur, non seulement par l'estime
que j'ai pour Monsieur le Marquis
de Rosemont, mais parce que je
suis persuadée qu'il n'y a qu'un
mérite comme le sien qui puisse
nous empêcher de perdre Donna
Diana.

Après quelques autres discours

 nous

nous nous apperçûmes que les deux jeunes amans s'étoient éloignez de nous, & qu'ils étoient entrez dans un cabinet à l'extrémité du Jardin. Donna Elisa me fit signe aussitôt de la suivre, & nous étant avancez doucement, nous nous plaçames aux deux côtez d'une petite fenêtre qui donnoit du jour au cabinet, & d'où nous pouvions entendre aisément leur entretien. Je jugeai par les premieres paroles que j'entendis prononcer au Marquis, qu'il avoit tiré de sa chere maîtresse un aveu de ses sentimens : mais en lui ouvrant son cœur, elle ne lui avoit point accordé d'autre consolation que l'assurance d'être tendrement aimé. Constante dans le dessein de quitter le monde, elle rejettoit toutes les offres qui pouvoient l'en détourner, & elle protestoit au Marquis qu'il ne devoit rien attendre d'elle au delà de l'aveu qu'elle avoit fait, & qu'elle traitoit de foiblesse. Il étoit à ses pieds, un genouil en terre. Quoi ! lui entendîmes nous dire, à dix sept ans, comblée de tous les dons du Ciel, adorée du plus tendre amant
du

du monde, vos irez vous enfermer dans une solitude, & vous pri-
ver de tous les plaisirs que l'amour
vous promet ? Ah ! je compte pour
rien la mort qu'une résolution si
cruelle va me causer ; je ne prétens
pas vous inspirer de la compassion
pour mes peines, je ne vous en demande que pour vous-même. Je
sens ce qu'il m'en coûtera, inter-
rompit-t-elle ; car après vous avoir
avoué que je vous aime, je puis
bien vous découvrir la crainte où je
suis que la tendresse que j'ai pour
vous ne fasse mon supplice : mais
je ne suis pas née pour être heureuse ; mon cœur est accoûtumé à souffrir, & peu importe que ses tourmens changent, & qu'il soit la victime de l'amour après l'avoir été
de la douleur. Mais pourquoi m'a-
voir fait connoître que je vous suis
cher, reprit le Marquis d'un ton de
desespoir, si vous êtiez résolue de
ne rien accorder à mon amour ?
quel barbare dessein aviez-vous, de
m'accabler, de me déchirer, de me
rendre le plus miserable de tous les
hommes ? Est-ce ainsi qu'on traite

ce

ce que l'on aime ? Hélas ! moi qui vous adore, que ne ferois-je pas pour vous épargner la peine la plus legere ? regretterois-je la vie pour une si belle cause, & ne la trouverois-je pas trop heureusement emploiée ?

Eh bien, repliqua-t-elle prenez-en occasion de me haïr. Votre haine serviroit bien mieux à mon repos que votre amour. Considerez-moi du moins par tous les endroits qui doivent exciter votre indifference : Je suis une ingrate qui ne fais point assez pour vous : je suis une fille sans biens, sans esperances, inconnue en Espagne, & presque sans appui dans la maison même de mon pere : ajoûtez-y que depuis mes plus tendres années mon triste cœur est en proie à la douleur : Hélas ! lui sied t-il bien d'aimer ? Estce au malheureux jouet de la fortune à ressentir les tendresses de l'amour ? Non, regardez moi encore comme une insensible, qui vous ai trompé en vous disant que je vous trouve aimable ; guerissez-vous, & laissez moi fuir dans la solitude

pous

pour y cacher mes chagrins, mon amour, & tous mes malheurs.

Elle prononça ces paroles d'une maniere si touchante, que Donna Elisa ne put retenir ses larmes. Pour moi j'attendis avec impatience la réponse du Marquis. Il fut quelque tems à la faire, comme s'il eut medité ce qu'il devoit dire. Enfin, il reprit ainsi, d'un ton plus tranquille que je ne l'aurois cru : Si vous m'exhortez sérieusement à vous haïr, ou à cesser de vous aimer, il faut Mademoiselle que vous aïez une idée bien foible de ma passion, & je suis bien malheureux d'avoir réussi si mal à vous l'exprimer. Mais vous me rendez plus de justice ; mon désespoir s'explique assez, & vous sentez bien qu'il répond à mon amour. Souffrez donc que sans m'arrêter à cette étrange proposition, je détruise les obstacles que vous opposez à votre tendresse & à la mienne. Vous tirez les uns de vos peines passées, & de la tristesse de votre cœur : Ah chere Diana ! il n'est que trop vrai que vous ne m'aimez point. Si vous aviez

pour

pour moi la moindre partie de cette inclination dont vous m'avez
flatté, vous éprouveriez quelque
changement dans votre cœur, & la
tristesse n'y tiendroit pas long-tems
contre l'amour. Aimez-moi, je ne
crains rien de votre tristesse quand
vous commencerez à m'aimer : pour
l'autre obstacle, qui consiste dites-
vous en ce que vous étes sans biens
& sans appui, plût au Ciel que
votre tendresse me fût aussi assurée
qu'il est facile à lever ! Je vais vous
découvrir, belle Diana, ce que j'ai
tenu caché depuis mon départ de
France. Je suis le fils unique de
Monsieur le Duc de . . . ce nom
vous est sans doute connu : mon
pere m'aime, il tient un des premiers rangs du Roiaume, il est
extrémement riche, ainsi je puis
vous offrir une fortune assez bril-
lante pour réparer le défaut de la
vôtre. Que mon cœur seroit content
de pouvoir vous rendre heureuse
par la fortune & par l'amour !

Lorsque le Marquis eut pronon-
cé le nom de Monsieur le Duc
son pere, Donna Elisa en fut surprise.

prife. Comme elle connoissoit cette illustre Maison, elle me fit quelques reproches d'avoir laissé son frere & elle dans une ignorance qui les avoit empêchez de rendre ce qu'elle croioit devoir au Marquis. Elle ne me dit que deux mots, mais elle ne put le faire si bas que sa voix ne fut entendue de Donna Diana. Cette belle personne sortit aussitôt, & nous aiant apperçus, elle se plaignit en rougissant de cette espece de trahison. Le Marquis fut lui même un peu déconcerté. Donna Elisa les prit tous deux par la main, & après avoir fait quelques civilitez au Marquis sur ce qu'elle venoit d'apprendre, elle leur dit que puisque c'étoit une faute commise, & que nous avions tout entendu, il ne falloit plus qu'ils fissent mystere de rien avec nous. Le Marquis en convint. Donna Diana se défendoit encore, & sembloit regreter tout ce qu'elle avoit dit de trop passionné ou de trop obligeant. Hé, Mademoiselle, interrompit le jeune amant, est il possible que vous vous repentiez de m'avoir rendu pendant

un

un moment le plus fortuné de tous
les hommes ? Ne me l'avez-vous
pas déja fait paier bien cher ce moment si heureux, en voulant détrui-
re l'esperance qu'un aveu charmant
m'avoit fait concevoir ? Je prens
Donna Elisa & Monsieur de Renoncour à témoins de vos difficultez,
& de mes raisons. Si vous m'ho-
norez de quelque bonté, souffrez
qu'ils soient nos juges, ils nous
ont entendus ; ou plûtôt jugez
souverainement vous-même de ma
destinée, & faites-moi la grace de
me dire si, lorsqu'ils nous ont in-
terrompus, mes dernieres paroles
avoient fait quelque impression sur
votre cœur. Nous rentrâmes tous
quatre dans le cabinet ; & nous étant
assis, Donna Diana prit la parole
après avoir rêvé un moment.

Je ne prétend point cacher, nous
dit-elle, que les belles qualitez de
Monsieur le Marquis m'ont fait
naître pour lui une très-vive estime.
A quelque état que le Ciel me ré-
serve, je la conserverai toute ma
vie, & je me ferai un honneur d'a-
voir mérité sa tendresse. Mais quand
je

je ne serois pas résolue de prendre le parti de la retraite, & de surmonter tous les sentimens de mon cœur, je vous avoue, Monsieur, continuat-elle en s'adressant au Marquis, que la connoissance que vous m'avez donnée de votre rang & de votre naissance suffiroit pour me confirmer dans cette résolution. Je sais que cela est fort éloigné de vos esperances, mais voici mes raisons, que je vous prie d'écouter. J'avois cru jusqu'à présent que je n'étois point capable d'aimer : la fausse tranquilité qui paroît dans mon humeur & sur mon visage ne m'empêchoit point de porter au fond de l'ame un continuel sentiment de tristesse, causée par tous les accidens d'une vie malheureuse, par la mort violente de ma mere, & par l'état présent de ma fortune. Allons nous cacher dans la solitude, me disois-je, c'est le seul partage qui me reste, je ne suis point faite pour le commerce des hommes. J'étois dans cette résolution, & prête à l'executer, quand j'ai commencé à vous voir ; elle n'a pas changé,

G 5

mais

mais je ne fais comment il m'eſt arrivé en vous voiant de laiſſer entrer dans mon cœur des ſentimens qu'il ne devoit jamais connoître. Je n'ai pas même eu la force de vous les déguiſer. Qu'on eſt foible quand on aime ! Je vous avoue encore qu'il n'y avoit que vous qui puſſiez me rendre ſenſible ; & de quelque maniere que le Ciel diſpoſe de moi, je ſens bien que vous me ſerez toûjours cher. Cependant malgré cet aveu qui marque tant de foibleſſe, je ſuis aſſez forte pour vous dire que mes premieres raiſons font encore plus d'impreſſion ſur moi que toute ma tendreſſe. Je vois ce que je perds en vous abandonnant, & je ne laiſſe pas d'être perſuadée que l'interêt de mon repos demande ce ſacrifice. Vous avez cru répondre à mes difficultez en m'apprenant ce que vous étes né, & les grandeurs que votre naiſſance vous met en état de m'offrir : mais c'eſt au contraire ce qui met le ſceau à ma réſolution. Je ne fais point me flatter : un peu de beauté, & quelques foibles agrémens ne reparent

rent point ce qui me manque du
côté de la fortune. Le fils unique
de Monfieur le Duc de.... n'eſt
pas fait pour Diana de Velez ; &
quand Monfieur votre pere ferme-
roit les yeux ſur cette inégalité, ce
que je crois impoſſible , je ſais ce
que ma gloire & ma tendreſſe même
demandent de moi; je ne troublerai
point le cours de votre fortune , &
les grandes alliances auſquelles votre naiſſance vous appelle. Adieu,
Monfieur, ajoûta-t-elle en ſe levant,
& en tachant de cacher quelques
larmes qui lui échappoient ; ne me
voiez plus , vous n'en ſeriez pas
plus heureux , & vous ne feriez
qu'augmenter mes peines & précipiter le moment de ma retraite.

Le Marquis ſe jetta à ſes genoux
pour l'arrêter ; Donna Eliſa fit auſſi
ſes efforts pour l'engager à écouter
quelques paroles ; elle ne fit attention à rien , & ſortant du cabinet
elle reprit ſeule le chemin des appartemens. Donna Eliſa fut obligée de la ſuivre, après avoir dit au
Marquis quelques mots de conſola-
tion. Elle nous renvoia auſſitôt

 le

le Comte, qui s'étoit retiré exprès pour laisser plus de liberté à son ami. Il reconnut sans peine à son air pensif & affligé qu'il étoit mal-traité par l'amour. Il le pria de lui communiquer ses peines. Le Marquis lui fit en soûpirant le recit de ce qui s'étoit passé ; il fit mille plaintes ameres de la résolution de Donna Diana, il exagera sa dureté, il la traita de cruelle & d'inhumaine, & après s'être épuisé en soûpirs & en reproches, il en revint à confesser que c'étoit la plus aimable personne que le Ciel eut formée, & qu'il ne l'avoit jamais trouvée si belle, si ingenieuse, si charmante, que dans le moment même qu'elle l'avoit desesperé par ses rigueurs. J'observois en silence toutes ses agitations. J'étois bien aise de lui laisser essuier les tourmens de cette fâcheuse journée, & de l'abandonner en quelque sorte à son propre cœur, pour essaier ensuite de le dégoûter de l'amour en lui representant ses amertumes, telles qu'il les auroit éprouvées. C'est peut-être le plus sûr remede contre cette

fata-

fatale paſſion. On la trouve trop belle & trop flatteuſe quand on la conſidere de loin. Elle ne promet rien qui n'excite des deſirs, & qui ne faſſe naître des eſperances de bonheur ; mais quand on en vient à l'experience , & qu'après avoir mis en ligne de compte les tourmens & les chagrins qu'elle fait ſentir, on vient après cela à compter ſes plaiſirs; on en trouve quelquefois ſi peu , qu'on ſe détrompe ſans peine de la fauſſe opinion qu'on s'en étoit formée.

Le Comte qui aimoit le Marquis comme on aime une maîtreſſe, lui propoſa toutes les reſſources qu'il put s'imaginer pour faire réuſſir ſon amour ou pour l'en guérir. Voiant qu'il n'écoutoit rien pour ſa guériſon, il ſe tourna tout entier de l'autre côté ; le premier moien qu'il lui offrit de ſe ſatisfaire, fut d'aller ſecretement dans un cabinet qui étoit voiſin de la chambre de Donna Eliſa , pour y entendre les diſcours des deux Demoiſelles , & juger par ceux de Donna Diana de la véritable diſpoſition de ſon cœur.

G 7

Cet-

Cette offre fut acceptée avidement. Nous montâmes au cabinet par un escalier derobé. La porte qui communiquoit à la chambre étoit vitrée, & couverte d'un rideau. Nous nous en approchâmes après avoir eu la précaution de fermer doucement la fenêtre du cabinet; de sorte qu'étant dans l'obscurité nous pouvions voir au travers du rideau & des vitres jusqu'aux moindres mouvemens des deux Demoiselles, & nous assurer que nous n'étions point apperçûs. Donna Diana avoit le coude appuié sur une table, & de la même main elle tenoit un mouchoir contre ses yeux, apparemment pour essuier ses larmes. Donna Elisa étoit assise auprès d'elle, & tenoit son autre main dans les siennes. Ce spectacle étoit touchant. On peut juger s'il parut tel au Marquis. La premiere que nous entendîmes distinctement, fut Donna Elisa. Je vois un parti, disoit elle, qui peut vous rendre tranquille, du moins pour quelque rems: souffrez la tendresse du Marquis, & livrez-vous à la vôtre, jusqu'à ce qu'il quitte l'Espagne &

qu'il

qu'il retourne chez son pere. Si sa passion est aussi sincere qu'elle paroît, il ne manquera point alors de remuer ciel & terre pour obtenir de vous épouser. S'il l'obtient, vous êtes heureuse; si son pere se montre infléxible, vous aurez du moins trouvé de la douceur à passer quelque tems dans cette esperance, & vous serez toujours libre de vous arrêter au parti que vous voulez prendre dès aujourd'hui. C'est une belle chimere dont vous me flattez, répondit Donna Diana; me persuaderez-vous qu'une personne du rang de Monsieur le Duc de . . . consente jamais à me voir l'épouse de son fils ? Une infortunée comme moi, qui n'aurai à ses yeux pour tout mérite que ma tendresse, & la passion d'un jeune homme de dix-huit ans ? Comment voulez-vous qu'une esperance si folle puisse servir à me rendre tranquille? Et puis, ne vous ai-je pas dit qu'il y consentiroit en vain ? je ne suis point faite comme le commun des femmes, je ne veux pas devoir ma fortune à l'amour. Il faudroit que le Marquis

me

me fît le sacrifice de la sienne ; &
quoique ce fût la plus grande marque de tendresse qu'il pût me donner, je ne serois point heureuse en
jouissant d'un bonheur qui lui coû-
teroit si cher.

Mais, reprit Donna Elisa, serez
vous la premiere femme dont un
amant auroit fait la fortune ? N'est-
ce pas une chose que nous voions
arriver tous les jours ? D'ailleurs la
distance est-elle donc si grande entre
vous & le Marquis ? Si vous êtes
sans biens, vous avez de la naissance. Et comptez vous pour rien les
charmes de la jeunesse & de la beauté ?
Vous auriez trop d'avantage sur le
Marquis, si avec tant d'attraits &
de mérite vous êtiez aussi riche que
lui. Ne faut-il pas qu'il paie de
quelque chose le bonheur d'être
aimé de vous ? Croiez - moi, un
amant riche doit être assez content
de ses richesses, lorsqu'elles servent
à lui assurer la possession d'une femme aimable ; & s'il est honnête
homme, il doit sentir que ce qu'il
donne ne vaut pas ce qu'il obtient.
Non, non, repliqua Donna Diana

en

en soûpirant , vos raisons ne me persuadent point. Je vois trop ce que j'aurois à craindre en suivant le penchant de mon cœur. C'en est fait , je le surmonterai, quoi qu'il m'en coûte ; & puisqu'il faut que je sois malheureuse , j'aime mieux l'être en me faisant cette violence, qu'en m'exposant à des peines dont le remede seroit encore plus difficile. Je ne conçois point quelles seroient ces peines , interrompit Elisa. Ah! vous ne le concevez point , répondit la tendre Diana : Un jeune homme aussi vif que le Marquis, est-il capable d'aimer longtems ? Je veux croire que sa passion est sincere aujourd'hui , peut-être est-ce la premiere occasion qu'il ait eu d'aimer ; mais quelle apparence qu'il puisse être constant. Supposons qu'il m'épouse , & que son pere y consente ; sa passion s'affoiblira, il sentira qu'il aura trop fait pour moi, il me traitera avec indifference , & peut-être avec mépris ; & moi qui sais à quel point je suis touchée , moi qui ne continuerai à le voir que pour l'aimer de plus en plus , je périrai de

dou-

douleur , & je n'aurai plus que la mort pour finir mon défespoir.

Comme elle finiſſoit ces mots, le Marquis qui ne ſe poſſedoit plus, ouvrit bruſquement la porte du cabinet , & ſans faire attention que ſon amante , ou du moins Donna Eliſa pouvoit être choquée de la liberté que nous avions priſe de les écouter , il fut ſe jetter à leurs genoux , & leur demanda en grace d'entendre ce qu'il avoit à leur dire. J'aurois peine à rapporter ſon diſcours , quoique j'aie toûjours eu ſoin dans nos voiages d'écrire le ſoir ce qui nous étoit arrivé d'intereſſant pendant le jour. Jamais l'amour ne s'exprima avec plus de grace & d'éloquence, ni d'une maniere plus tendre & plus touchante. Donna Diana n'y put reſiſter. Elle n'eut pas même la force de l'empêcher de prendre ſa main, qu'il tint plus d'une demie heure dans les ſiennes. Enfin la paix ſe fit , & l'on convint de s'aimer éternellement. Le Marquis promit de faire partir ſon valet de chambre pour aller à Paris faire part de tout à
Mon-

Monfieur le Duc, & le prier de confentir à fon bonheur. Il affura fon amante qu'il en étoit trop aimé pour apprehender qu'il s'y oppofât, furtout lorfqu'il lui feroit entendre que fa vie même en dépendoit. Il tira parole de moi, que je joindrois une lettre à la fienne, pour rendre témoignage du mérite & de la condition de Donna Diana. Je ne voulus point lui refufer cette fatisfaction, fachant de quelle maniere je m'y prendrois pour écrire. Nous paffâmes encore une heure chez le Comte de Mancenez. Nous convînmes avec Donna Diana que nous l'y verrions tous les jours après-midi, & qu'elle s'y rendroit un peu plûtôt qu'elle n'avoit accoûtumé, afin que nous pûffions nous entretenir avant l'arrivée des Dames, qui venoient ordinairement paffer l'après dîner avec Donna Elifa.

Le Marquis étoit fi content de fa bonne fortune, & fi impatient de faire partir le Brun fon valet de chambre, qu'il vouloit retourner droit à nôtre logis, & finir d'affaires

le

le jour même. Je le fis souvenir que nous avions promis la veille une visite à Monsieur le Marquis de Leyde, & que c'étoit le tems de la rendre. Il me suivit avec assez de peine. Nous ne le trouvâmes point à son Hôtel, mais comme nous en sortions, nous vîmes passer Monsieur le Duc de Saint Aignan Ambassadeur de France, qui revenoit de la campagne dans son carosse. Il nous apperçut, & nous fit l'honneur de nous saluer, ce qui me fit prendre la résolution d'aller sur le champ lui rendre nos devoirs. Il nous reçut avec beaucoup de civilité. L'intrigue amoureuse du Marquis fut la seule raison qui m'empêcha de nous faire connoître. Je pris le parti d'attendre qu'il fût dans une situation un peu plus tranquille. Nous allâmes voir de là Dom Juan de Pastrino à qui nous devions cette visite. Je remarquai dans la reception qu'il nous fit un air contraint, dont je ne pus ce jour-là deviner la cause. Nous ne la connûmes que trop quelque tems après. Notre derniere visite fut

chez

chez Monsieur le Duc de Montalto, qui nous retint à souper. On y parla de cent choses differentes dont je n'ai pas envie de grossir ces Memoires.

Il fallut ceder aux instances du Marquis, lorsque nous fumes retournez chez Dom Porterra. Il voulut écrire à Monsieur le Duc avant que de se mettre au lit ; j'écrivis aussi, & nous avertîmes le Brun de se disposer à partir le lendemain pour Paris. Ma lettre n'étoit qu'un recit de ce qui nous étoit arrivé depuis que nous étions en Espagne. J'exposois la passion du Marquis, son origine, ses circonstances, ses excès, l'inutilité de mes soins pour l'empêcher de naître ou pour l'arrêter, & sans déguiser la mauvaise fortune de Donna Diana, je faisois le portrait de ses charmes d'une maniere qui satisfit le Marquis. Dans le fond il étoit impossible de louer trop cette aimable fille, & difficile de la louer assez. Je finissois en priant Monsieur le Duc de nous faire connoître ses volontez. Je crois, lui disois-je, que dans l'état où est

le

le Marquis , il faut du moins le traiter avec indulgence , & lui laiſſer eſperer quelque choſe. On ne le rameneroit point par la rigueur. Le tems, l'abſence, & votre bonté contribueront à le guérir. Je ne lûs point ces dernieres lignes au jeune amant.

Pour lui, ſon cœur ſe montroit tout entier dans ſa lettre. Elle étoit courte , mais d'une vivacité qui répondoit à ſon caractere. On ne ſera pas fâché de la voir ici.

„ Un fils, dans la ſituation où je
„ me trouve, craindroit tout de la
„ ſeverité d'un autre pere. Mais
„ je ſais le fonds que je dois faire
„ ſur l'indulgence du mien ; & ſi le
„ reſpect & l'attachement que j'ai
„ pour lui n'ont point de bornes ,
„ je lui dois bien ces ſentimens ,
„ puiſque ſa tendreſſe & ſa bonté
„ n'en ont jamais euë pour moi.
„ Un pere ſi aimable voudroit il
„ la mort d'un fils ſi reſpectueux?
„ Oui , Monſeigneur, ma vie dé-
„ pend d'un mot de votre main.
„ J'aime avec plus de paſſion qu'on
„ n'a jamais aimé. Monſieur de
„ Re-

„ Renoncour vous dira ſi le Ciel
„ fit jamais rien de plus charmant
„ que ce que j'aime. Je me jette
„ de cœur à vos genoux, pour vous
„ conjurer d'approuver mon amour.
„ A quel deſeſpoir me livrerez-vous,
„ ſi vous ne m'écoutez-pas ? Le
„ premier courier d'Eſpagne vous
„ apprendroit la nouvelle de ma
„ mort. J'ouvrirai en tremblant la
„ réponſe dont vous m'honorerez.
„ Si j'ai le malheur de la trouver
„ contraire à mes eſperances, ce
„ ſera en me perçant le cœur, que
„ je vous prouverai l'obéiſſance &
„ le reſpect avec lequel je ſuis,
„ &c.

Je lui dis en riant, lorſqu'il
m'eut lû ſa lettre, qu'il y avoit un
peu de folie dans ſa paſſion, & qu'on
ne parloit pas à tout moment de ſe
donner la mort quand on avoit la
raiſon bien ſaine. Que voulez-vous ?
me répondit-il ; je ne ſuis plus à
moi : mon ame ne m'eſt pas plus
néceſſaire pour vivre que la chere
Diana. On ne connoît la force de
l'amour qu'au moment qu'on l'é-
prouve. Et vous, cher Papa, ajoûta-
t-il,

t-il, qui êtes si prodigue de morale,
ne vous ai - je pas entendu dire dans
l'Abbaie de... que vous vous feriez ôté mille fois la vie après la
perte de votre épouse, si vos amis
n'euffent retenu vos mains ? Je n'ai
garde de vouloir être plus sage que
vous. Vous êtes un malin, lui dis-
je après l'avoir embraffé, qui me
reprochez mes foibleffes pour auto-
rifer les vôtres. Je ne croiois pas
que vous vous fouvinffiez de ce
que je racontai il y a trois mois à
Monfieur le Duc, & je vois bien
que c'eft ce fouvenir qui vous a fait
compter fur mon indulgence. Sa-
chez néanmoins qu'il faut mettre
beaucoup de difference entre le jufte
regret que caufe la perte d'une chere époufe, & le défefpoir où vous
dites que votre paffion eft capable
de vous faire tomber. L'un pourroit être fort pardonnable, tandis
que l'autre ne le feroit guéres. Tous
les excès font des vices : mais s'il
y a quelque chofe qui puiffe les
juftifier, c'eft l'innocence de leur
caufe. Or un attachement tel que
le votre cefferoit d'être innocent,

s'il

s'il s'écartoit le moins du monde des bornes de la raison. Voiez donc maintenant , ajoutai-je , comment il faut juger de mes excès passez, & de ceux dont vous vous croiez capable aujourd'hui. Les miens pouvoient être excusez en quelque sorte par la nature de mon affection , qui n'avoit rien que de légitime; au lieu que les vôtres feroient connoître clairement que votre passion est criminelle , parce qu'elle n'en doit produire aucuns , tant qu'elle se conservera pure & innocente.

MEMOIRES
DU
MARQUIS DE ✳✳✳

LIVRE HUITIEME.

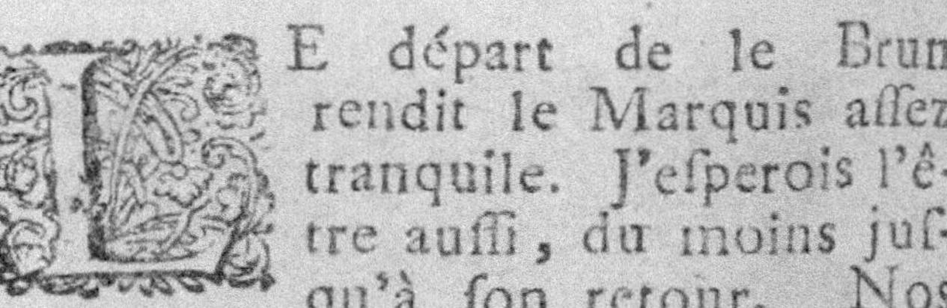

E départ de le Brun rendit le Marquis affez tranquile. J'efperois l'être auffi, du moins jufqu'à fon retour. Nos exercices du matin fe firent pendant quelque tems avec beaucoup d'ordre & d'application. Nous allions prefque immediatement après le dîner chez le Comte de Mancenez, où nous paffions une heure ou deux avec Donna Diana, & Donna Elifa. Lorfqu'il leur venoit compagnie,
nous

nous les quittions sans nous laisser voir, & nous passions le reste du jour en visites, ou en parties de promenades & de plaisir. Nous eumes l'honneur de saluer le Roi, à la suite de Monsieur l'Ambassadeur, & quelque tems après celui de baiser la main de la Reine avec les Seigneurs & les Dames, le jour de sa naissance. On quitta le deuil ce jour là, & toute la Cour le passa en rejouissances. Le Marquis de Leyde, le Duc de Montalto, Dom Antonio del Valle, Lieutenant-Géneral, & Gouverneur de Sarragosse, le Marquis de Grimaldo même, & quantité d'autres Seigneurs, nous combloient de civilitez & d'amitiez, quoiqu'ils ne connûssent le Marquis que sur le pied d'un Gentilhomme de distinction. En un mot, nous étions contens de Madrid & de la Cour d'Espagne, lorsqu'une bizarre avanture nous précipita dans mille chagrins. Je suis obligé de reprendre la chose d'un peu plus haut.

Quelques jours après le départ de le Brun, nous sortions sur les

sept heures du soir de chez Monsieur le Duc de Saint-Aignan où
nous avions passé l'après midi au
jeu. Nous fumes rencontrez dans
la rue par un jeune homme assez
mal vêtu, qui reconnut le Marquis
& qui le salua par son véritable nom.
Le Marquis se remit aussi son visage & se souvint de l'avoir vû au
College où ils avoient été compagnons d'école. Hé ! bon jour mon
pauvre Brissant , lui dit-il ; que faites vous donc à Madrid ? vous voilà
dans un triste état. Brissant répondit
que nous ne voïions qu'une partie
de sa misere ; qu'il étoit sans un
sou , qu'il ne faisoit qu'arriver à
Madrid dans l'esperance d'y trouver quelque Seigneur François qui
le voulût prendre à son service, pour
retourner en France avec lui. Le
Marquis n'avoit que Deschamps
pour le servir dans l'absence de son
valet de chambre ; il m'expliqua
en deux mots ce que c'étoit que
Brissant, & me pria de trouver bon
qu'il le prît avec nous. J'y consen-
tis volontiers. Il nous suivit à notre
logis , où nous retournâmes sur le
champ

champ à caufe de lui. Nous le fîmes revêtir d'un habit de le Brun, en attendant qu'on pût l'habiller de neuf. Il mangea comme un homme affamé, & lorfqu'il fut un peu remis de fes fatigues, il vint nous rejoindre dans notre chambre où nous étions à fouper. Le Marquis m'avoit raconté pendant ce tems là, que quoique Briffant fût plus âgé que lui de cinq ou fix années, ils avoient étudié cinq ans dans les mêmes Claffes; qu'il s'y étoit toûjours diftingué par fon efprit, qu'il paffoit même pour être d'une honnête famille, & qu'il étoit furprenant que nous l'euffions trouvé en fi mauvais ordre. Je jugeai moi-même à fa figure, en le voiant un peu mieux mis, qu'il avoit eu de l'éducation & qu'il ne manquoit point de favoir-faire. Il étoit de belle taille; il avoit le teint fort bazané, mais l'air délié, & même un peu effronté. Briffant, lui dit le Marquis, je vous conftitue mon valet de chambre jufqu'au retour de le Brun; mais je veux favoir auparavant par quelle avanture je vous ai

trou-

trouvé si mal équipé dans ce païs-ci. Il nous raconta ainsi son histoire.

Un peu de libertinage, & le desir de connoître les païs voisins de la France, m'engagerent à quitter Paris il y a sept ou huit mois. J'appris que le Marquis de Durazzo, Envoié extraordinaire de la République de Genes, avoit reçû à Versailles son Audience de congé, & qu'il se préparoit à partir ; cette occasion me parut favorable. Je volai mille écus à mon pere pour les frais de mon voïage, & m'étant mis fort proprement j'allai voir le Marquis de Durazzo, & je le priai de trouver bon que j'eusse l'honneur de lui tenir compagnie jusqu'à Genes. Il me prit pour un jeune Gentilhomme qui étoit dans le dessein de voiager, & sa réponse fut telle que je la desirois. Nous partîmes. J'avois pris à Paris un valet que le hazard m'avoit présenté. C'étoit un Italien de bonne mine, nommé Andredi, qui s'étoit trouvé à la porte du Marquis de Durazzo lorsque j'en sortois, & qui apprenant que j'allois

faire

faire le voiage d'Italie s'étoit offert
à mon service. Il savoit parfaitement les fortifications, & il deffi-
noit admirablement. Mais quoique
ces talens puffent l'aider à vivre, il
se trouvoit obligé, comme j'ai su
depuis, à quitter Paris pour éviter
la justice avec laquelle il s'étoit mis
fort mal. On ne l'eût pas pris d'ailleurs pour un fripon ni pour un
valet, tant il copioit naturellement
l'homme d'honneur & de probité.
Nous arrivâmes à Genes. J'y voulus soûtenir l'air de qualité que j'a-
vois pris sur la route ; ma bourse
s'épuisa en peu de tems. Andredi
qui avoit plus d'experience que moi
s'apperçut que mon humeur devenoit triste ; & comme il vit diminuer
ma dépense, il comprit aisément la
cause de mon mal. Il m'en fit connoître quelque chose. Je n'ignorois
pas son adresse, & j'étois content
de son affection ; je pris le parti de
lui découvrir nettement mon embarras. Il me demanda d'abord s'il
ne me restoit absolument rien. Environ cinquante écus, lui dis je,
mais je dois davantage. Vos dettes,

H 4

re-

reprit-il, font une bagatelle. Quit-
tons Genes. Il n'eſt pas beſoin
d'avertir vos créanciers. Malte eſt
menacée par les Turcs, & les Chevaliers s'y rendent de toutes parts ;
allons profiter du trouble, & tâcher
d'y faire quelque dupe. Je lui repréſentai qu'étant ſans argent, je
n'aurois pas l'effronterie de me mêler parmi des perſonnes de qualité
qui s'appercevroient bientôt de notre deſſein. Il me dit là-deſſus que
s'il n'apprehendoit de me déplaire,
il me propoſeroit un autre parti, &
l'aiant preſſé de continuer, il m'aſ-
ſûra que ſi je voulois lui remettre
ce qui me reſtoit d'argent & lui
prêter mes habits qui convenoient
à peu près à ſa taille, il s'engageoit
à me conduire à Malte ſans péril,
& à m'y faire ſubſiſter ſans peine.
Après quelque incertitude j'accep-
tai la propoſition par néceſſité. Nous
changeâmes ainſi de condition, &
je devins le valet après avoir été le
maître. Andredi menagea adroitement notre fuite & notre embarque-
ment. Nous abordâmes heureuſement à Malte. On s'y croioit à la
veil-

veille d'être attaqué par les Turcs,
ce qui faisoit faire exactement la
garde au port. Nous fumes interrogez sur le dessein qui nous ame-
noit. Andredi demanda qu'on nous
conduisît au Grand Maître qui s'appelloit Dom Perellos de Roccafoul.
J'admirai la hardiesse avec laquelle
il lui déclara qu'il étoit Ingenieur,
& qu'il s'étoit fait quelque réputa-
tion dans cet art ; qu'aiant appris le
péril où Malte étoit d'être attaquée,
il venoit offrir ses services à la Religion. Le Grand Maître le remercia de sa bonne volonté, il lui parla de fortification ; & l'aiant trouvé
fort intelligent, il ordonna que nous
fussions traitez avec distinction.
Quelques Chevaliers furent nommez pour nous montrer les nouveaux Ouvrages qu'on avoit faits
autour de la ville, surtout à la
Valette où l'on avoit beaucoup tra-
vaillé : Andredi raisonna sur tout
ce qu'il vit avec une capacité qui le
fit admirer ; il montra quelques endroits foibles, il donna de bons
avis pour les réparer : on agréa ses
services, & on lui promit qu'il se-

H 5

roit

roit content de la reconnoiffance de l'Ordre. Nous formions tous deux mille projets flateurs, fondez fur l'eftime du Grand Maître & des Chevaliers. Un jour qu'Andredi rentroit au foir dans l'endroit où nous étions logez, je lui trouvai un air de fraieur qui m'épouvanta. Nous fommes perdus, me dit il, il faut quitter Malte fans nous arrêter un moment ; je viens d'appercevoir un Chevalier que j'ai fervi autrefois en qualité de valet de chambre, & à qui je volai fa montre & tout fon argent. C'eft fait de moi s'il me reconnoît. Son difcours me fit pâlir. Nous fortîmes de la ville le foir même, & nous cherchâmes quelque vaiffeau prêt à partir. Il s'en trouva heureufement un qui alloit mettre à la voile pour tranfporter quelques marchandifes à Napoli de Romanie, capitale de la Morée. Nous y fumes reçus pour peu de chofe. Andredi s'apperçut fur la route que le Capitaine Marchand étoit un homme brutal, dont les manieres dures faifoient fouvent murmurer l'équipage.

ge. Il forma la-deſſus un deſſein digne de lui. Ce fut de gagner les matelots pour ſe rendre maître du vaiſſeau, en leur promettant de leur abandonner une partie des marchandiſes. Il réuſſit plus promptement qu'il n'eſperoit, & lorſqu'il ſe crut aſſûré d'eux, il poignarda en plein jour le Capitaine & jetta ſon corps dans la mer. Nous allâmes debarquer dans un petit bourg aſſez deſert, ſur la côte de la Morée. Le partage des marchandiſes ſe fit de bonne foi. Andredi propoſa enſuite aux matelots de ſe remettre en mer, pour achever de s'enrichir en pillant. Tous y conſentirent. Il nous fit prendre le chemin de Raguſe, d'où il étoit, dans le deſſein d'y vendre nos marchandiſes, & d'y mettre le vaiſſeau en état d'attaquer & de ſe défendre. Tout cela fut executé heureuſement. Nous commençâmes à mener la plus malheureuſe vie du monde. Andredi connoiſſoit les côtes; nous deſcendions la nuit au nombre de vingt quatre, bien armez, & reſolus à tout évenement; nous allions

H 6

frap=

frapper doucement à la porte d'une maison qui nous paroiſſoit accommodée ; Andredi parloit ſeul & trouvoit toûjours quelque moien de ſe faire ouvrir. Nous ne prenions que l'argent, ſoit monnoié, ſoit en vaiſſelle : lorſqu'une maiſon étoit pillée, Andredi y laiſſoit trois hommes pour empêcher le bruit ou la réſiſtance, & nous en allions faire autant à cinq ou ſix autres. Nous amaſſâmes ainſi dans l'eſpace d'un mois plus de cinq cens mille livres, ſans compter une infinité de cuilleries, fourchettes, taſſes, & d'autres meubles d'argent. Un jour que nous étions deſcendus à terre pour nous pourvoir de vivres & prendre de l'eau douce, nous apperçûmes du haut de la côte, quoique le lieu fût écarté, un château de fort belle apparence ; Andredi nous défendit auſſitôt d'avancer. Voilà une proie, nous dit-il, qui eſt deſtinée pour nous. Rentrons dans le vaiſſeau juſqu'au ſoir. Il en détacha ſeulement deux de la troupe pour aller ſans armes examiner les avenues du château. Ils re-

revinrent avec les lumieres néceffaires, & nous attendimes la nuit.
Nous fortîmes tous, c'eft-à-dire
au nombre de trente. Nous arrivâmes à la porte du château fans
bruit. Andredi frappa, mais malgré
fon adreffe il ne put réuffir à fe faire
ouvrir. Le portier s'obftina à répondre qu'il n'ouvroit jamais la
nuit. Nous réfolûmes d'enfoncer
la porte ; elle le fut en un inftant;
mais le bruit aiant été entendu des
appartemens, le Seigneur du lieu,
fes deux fils & cinq ou fix domefti-
ques eurent le tems de s'armer &
de venir au devant de nous. Ils fe
défendirent en braves, & nous tue-
rent deux hommes. La colere nous
fit fondre fur eux fans ménagement ;
nous les maffacrâmes tous. C'eft
l'unique fois qu'Andredi nous ait
fait verfer du fang. Nous montâmes alors librement dans toutes les
chambres, nous fumes trouver le
coffre fort, & la vaiffelle, & nous
fîmes un gros butin. Comme nous
nous préparions à nous retirer, Andredi nous dit : Camarades, la nuit
eft peu avancée, & nous ne rifquons

 rien

rien à la passer ici ; croiez-moi,
voions si nous trouverons à la cuisine & à la cave de quoi faire bonne
chere. Les uns allerent à la cuisine ;
je descendis à la cave avec Andredi
& quelques autres. Il fallut enfoncer la porte dont nous n'avions pas
la clef. Nous n'y fumes pas plûtôt
entrez que nous entendîmes des
cris épouvantables , qui nous obli-
gerent de mettre aussitôt l'épée à
la main. Les cris redoublerent.
Tous nos compagnons les aiant entendus vinrent nous joindre avec
leurs armes. Enfin nous étant avancez nous vîmes trois femmes à demi nues qui se jetterent à genoux
en nous demandant la vie , on la
leur promit en les faisant relever.
C'étoit la fille du Seigneur que nous
avions tué , une femme de chambre, & une servante. La fraieur les
avoit fait lever au bruit de notre arrivée , & elles s'étoient retirées dans
la cave , croiant y être en sureté.
Nous les fîmes remonter avec nous.
Andredi abandonna la femme de
chambre & la servante aux matelots, & trouvant la Demoiselle jolie,

lie, il se la reserva, pour en faire son épouse. Il leur fit prendre tous leurs habits. Elles furent emmenées avec le reste du butin après que nous eumes passé deux ou trois heures à table. Mais ce qui est encore plus affreux, c'est que quelques-uns de nos camarades à demi-ivres mirent en sortant le feu au château dans tous les endroits d'où la flamme pouvoit se répandre plus promptement, nous reprîmes ainsi le chemin de la mer, & nous étant embarquez aussitôt nous nous éloignâmes de la côte.

Je vous avoue, continua Brissant, que cette avanture me fit horreur. Je commençai à ouvrir les yeux sur le genre de vie où j'étois engagé. Andredi me parut un homme exécrable, & tous nos camarades autant de démons, qui ne pouvoient être punis par des supplices assez cruels. Je pris la résolution de les abandonner, je ne pensai plus qu'à m'en procurer les moiens. Je les aurois trouvé facilement s'il n'eût été question que de moi, j'aurois voulu sauver des

mains

mains de ces furieux la jeune Demoiſelle qu'ils avoient enlevée du
château. Andredi en paroiſſoit é-
perdûment amoureux. Il voulut
l'épouſer ſolemnellement ; c'eſt à-
dire, lui donner ſa foi, & recevoir
la ſienne en préſence de toute la
troupe, car on juge bien que nous
étions ſans Prêtres & ſans étoles.
Son deſſein étoit de la faire reſpecter
de ſes gens par cette cérémonie,
& d'arrêter les deſirs qu'ils auroient
pû porter ſur elle. Le jour fut mar-
qué pour la fête. On devoit deſcendre à terre dans quelque endroit
aſſuré, & ſe réjouir ſans méſure.
La triſteſſe de cette pauvre fille me
faiſoit pitié. Elle ſe regardoit comme une victime deſtinée à la mort
plûtôt qu'à des nôces. Le changement de ſon viſage marquoit aſſez
ſon déſeſpoir. Je trouvai le moment
de lui parler ſans être entendu.
Mademoiſelle, lui dis-je, je ne
puis vous dire que deux mots, écou-
tez-les bien : J'ai reſolu de quitter
cette troupe de ſcelerats : ſi vous
voulez fuir avec moi, ſoiez attentive
à toutes mes démarches, je vous

ferai

ferai signe lorfqu'il fera tems de me fuivre. Ma jeuneffe, & mes manieres, qu'elle trouva peut-être un peu moins barbares que celles des autres, la perfuaderent que j'agiffois fincerement. Elle me répondit en joignant les mains, qu'elle me regarderoit comme fon Dieu & fon Sauveur. Nous étions en pleine mer, & le tems étoit très-ferein, ce qui me faifoit craindre pour le fuccès de mon deffein. Mais le Ciel qui vouloit fauver l'honneur de cette infortunée Demoifelle, permit que le vent nous jetta en peu d'heures fur la côte de l'Ifle de Corfe, au deffous d'une ville appellée la Baftide; le rivage étoit commode. On convint de prendre terre, & les environs aiant parus deferts, Andredi fut le premier qui nous confeilla de paffer la nuit dans un petit bois qui étoit à cent pas de la mer. Nous y portâmes des vivres. L'endroit fut trouvé fi riant, qu'on affigna le lendemain pour la fête du mariage. Dès le foir même on commença les réjouiffances, & dans le tems que j'excitois mes camarades à boi-

re,

re , je me menageois adroitement pour me conferver la tête libre. On s'endormit bien avant dans la nuit. Andredi avoit fait accommoder une efpece de lit pour la Demoifelle , en lui difant galamment qu'il l'occuperoit le lendemain avec elle, & qu'il avoit trop fouffert depuis deux jours. Ses manieres n'étoient pas toujours d'un Corfaire, & à la referve de quelques libertez qu'elle étoit contrainte de fouffrir quelquefois, il la traitoit fort refpectueufement. Je me gliffai doucement auprès d'elle lorfque je crus tous mes compagnons endormis : je lui pris la main ; ce qui ne l'effraia point , parce qu'elle m'attendoit. Elle fe leva fans bruit. Nous nous enfonçâmes dans le bois , du côté oppofé à la mer , dans la crainte d'être entendus de la fentinelle, qui n'étoit qu'à trente ou quarante pas de nous. Le bois n'étoit pas épais, & nous en fortîmes heureufement, après avoir marché environ un quart d'heure. Je la preffois fans ceffe d'avancer. Nous reprîmes fur la gauche au long de la mer , parce

que

que j'avois entendu dire à quelques-
uns de nos gens, que la Baſtide
étoit de ce côté-la, & que nous
n'en étions éloignez que de quatre
ou cinq lieues. A peine en eumes-
nous fait une, que la Demoiſelle,
qui avoit marché juſqu'alors avec
courage, me dit qu'elle n'en pouvoit
plus, & qu'il lui étoit impoſſible
d'avancer. Il faut ſe faire effort,
lui dis-je, nous ſommes expoſez à
être pourſuivis, & il n'y auroit pas
de ſûreté à s'arrêter ici. Helas ! me
répondit elle, ôtez moi donc la vie,
car je n'ai plus la force de faire un
ſeul pas. Elle s'aſſit à terre, & elle
trembloit d'une maniere à inſpirer
la compaſſion. Je remarquai, malgré la nuit, qu'elle étoit ſans ſou-
liers. Andredi les lui avoit fait ôter
en la faiſant coucher, & la crainte
de l'éveiller l'avoit empêché de les
reprendre en ſe levant. Je lui dis
qu'il falloit qu'elle eût extrémement
ſouffert en marchant dans cet état
par des chemins difficiles ; elle m'aſ-
ſura qu'elle avoit ſenti des douleurs
inexprimables, & qu'elle croioit
avoir les pieds tout en ſang. Enfin
com-

comme il étoit dangereux de de-
meurer-là plus longtems , je lui
proposai de se mettre sur mes épaules , & je la portai ainsi l'espace de
plus d'une lieue. Je commençois
moi-même à perdre les forces. Je
lui demandai si elle ne pourroit pas
me soulager un peu, en marchant
quelque tems à pied. M'aiant répondu qu'elle croioit le pouvoir je
lui fis mettre mes souliers, & je
marchai moi-même pieds nuds , la
tenant par dessous le bras pour la
soutenir. Le jour commençoit à
paroître : nous apperçûmes quelques maisons qui avoient l'apparence d'un village ; nous en prîmes le
chemin pour y trouver du secours.
Il étoit torp tard pour ma pauvre
compagne. Elle se laissa tomber
tout d'un coup, & comme je voulois la relever pour la reprendre sur
mes épaules, elle me dit qu'elle se
mouroit , & qu'elle n'esperoit pas
pouvoir aller plus loin. Hé Mademoiselle , lui dis-je , prenez courage, il n'y a plus que cinq cens pas , &
je perdrai la vie plutôt que de vous
abandonner. Je suis morte , me
ré-

répondit-elle d'une voix foible : Voilà une mort bien cruelle. Helas ! qu'ai-je fait au Ciel pour en être traitée avec tant de rigueur ? O mon Dieu ! aiez du moins pitié de mon ame. Je la pris par la main, qu'elle serra comme pour me remercier de mes services, & elle expira un moment après. Je me sentis si touché & si affoibli, que je crus être aussi à ma derniere heure : mais la fraicheur du matin, & quelques momens de repos, m'aiant un peu remis, je me chargeai du corps, & je le portai jusqu'au village, où je donnai quelque argent au Curé pour le faire enterrer. Quoique je n'eusse pû emporter toute ma part du butin qui étoit sur le vaisseau dans des coffres communs, j'avois sur moi vingt ducats qui me furent d'un grand secours. On m'apprit que je n'avois plus que trois lieues jusqu'à la Bastide. Je m'y fis conduire sur un mulet par un païsan. J'y arrivai à dix heures du matin. Cette ville est la capitale de l'Isle de Corse. Il y a un Gouverneur pour la Republique de Genes à qui

elle

elle appartient. J'y demeurai quelques jours pour me repofer, & pour
attendre le départ de quelque vaiffeau. Le premier qui mit à la voile
fut un bâtiment Majorquain chargé de marchandifes pour Palma. Je
profitai de l'occafion de peur d'être
obligé d'attendre plus longtems.
J'étois bien aife de voir l'Efpagne,
affuré de retourner enfuite aifément
en France. Nôtre navigation fut
courte & heureufe ; mais nous
étant avancez fans précaution vers
Palma, nous tombâmes dans la
flotte du Chevalier d'Hasfeld, qui
étoit parti de Barcelone pour aller
foûmettre cette ville au Roi d'Efpagne. Elle tenoit encore pour
l'Archiduc Charles d'Autriche. On
faifit notre vaiffeau, & l'on nous
obligea de fuivre la flotte. Le Chevalier d'Hasfeld avoit deffein d'a-
bord de faire la defcente fur une
plage du côté de Palma, où les
rebelles s'étoient retranchez ; mais
le vent étant devenu contraire, on
tourna vers le Nord. Le Comte
de Lefcherenne Maréchal de Camp,
eut ordre d'aller reconnoître la
côte

côte & les hauteurs, & fur le rapport qu'il fit que les ennemis ne
paroiſſoient point, le débarquement
commença à cinq heures du ſoir,
& fut achevé à dix ou onze heures
ſans la moindre reſiſtance. La rade
s'appelloit Cala Ferrera. J'obtins la
permiſſion de deſcendre en qualité
de paſſager François. Je me mis
au ſervice parmi les volontaires du
Régiment de la Marine. Nous marchâmes vers Alcudia, continua Briſ-
fant, qui vouloit raconter auſſi ſes
exploits militaires : C'eſt une ville
aſſez forte à l'Orient de l'Iſle, environ à ſept lieues de Palma. Le
Chevalier d'Hasfeld prit le devant
à la tête d'un détachement dont
j'étois, pendant que le reſte des
troupes ſuivoit en diligence. A ſon
approche les habitans forcerent le
Gouverneur & la garniſon compoſée de trois ou quatre cens hommes
à ſe rendre à diſcretion. Il ſe trouva dans la place cinquante-deux
piéces de canon, & quantité de mu-
nitions & de vivres. Nous prîmes
de là le chemin de la capitale, qui
ne fit pas plus de reſiſtance. Milord
For-

Forbes , & un Officier Allemand, en ſortirent pour traiter des condi-tions : mais ils en propoſerent de ſi peu raiſonnables , qu'elles ne furent point acceptées. On fit avancer l'artillerie qui avoit débarqué à la baye de Porras. Lorſqu'on eut tout diſpoſé pour l'attaque , Dom Rubi , Colonel Eſpagnol, qui com-mandoit dans la place , offrit de capituler. Avant qu'on eut pu lui faire réponſe , un corps de troupes ſorti de la ville attaqua la Brigade Françoiſe de Beauvaiſis , mais il fut repouſſé vigoureuſement & avec perte. Le Chevalier d'Hasfeld en-voia auſſitôt un trompette dans la place pour la ſommer de ſe rendre, ſi elle ne vouloit être expoſée aux dernieres rigueurs. Dès le ſoir Dom Rubi fit ſortir un Officier avec quel-ques articles de capitulation qu'il prétendoit obtenir. Le Chevalier les accorda. La garniſon compoſée de quinze cens Allemands fut tranſ-portée en Sardaigne , & nous trou-vâmes dans la place plus de deux cens pieces d'Artillerie. Je quittai le Regiment de la Marine lorſque je

vis

vis la guerre presque aussitôt finie
que commencée. Il me restoit peu
d'argent. J'offris mes services à un
Officier Espagnol qui s'embarquoit
pour Cadis. Il me promit des gages
considerables, mais n'en aiant pû
tirer un sou dans l'espace de deux
ou trois mois que j'ai passez à Cadis
avec lui, j'ai pris la résolution de
venir à Madrid où vous avez eu la
bonté de me recevoir.

Brissant, tel qu'on vient de le
connoître par son histoire, devint
bientôt l'homme de confiance du
Marquis. Il le chargeoit de toutes
ses commissions, & rien ne lui paroissoit bien fait s'il ne venoit de sa
main. C'est un usage en Espagne
que les amans donnent pendant
la nuit des serenades à leur maî-
tresses. Les rues de Madrid retentis-
sent du son des guitarres & d'autres
pareils instrumens. Le Marquis
se crut obligé de faire cette galanterie à Donna Diana pour se confor-
mer au goût Espagnol. S'il m'en
eût parlé, peut-être aurois-je eu la
complaisance de lui accorder quelquefois cette satisfaction ; mais il

craignit de m'y trouver opposé , & Brillant fut seul honoré de sa confidence. Il couchoit à la place de le Brun dans un cabinet qui touchoit à la chambre du Marquis. Tous les soirs ils sortoient ensemble lorsque j'étois endormi, & s'en alloient passer deux ou trois heures sur le pavé de Madrid avec une bande de joueurs d'instrumens. Ils rentroient avec tant d'adresse & de précaution, que ni Dom Porterra ni moi , n'en apperçûmes jamais rien. Donna Diana ignoroit elle même de qui lui venoit cette melodie ; car sage comme elle étoit & pleine de tendresse pour son jeune amant, elle eût desapprouvé cette folie qui l'exposoit à de mauvaises rencontres , & qui pouvoit alterer sa santé. Une nuit, après avoir joué longtems devant la fenêtre de Donna Diana, le Marquis se mit dans la tête d'aller donner le même plaisir à Donna Elisa sa bonne amie. J'ai déja dit que Dom Juan de Pastrino en étoit amoureux ; peut-être que n'ignorant pas que nous passions tous les jours quelques heures chez le Comte de Man-

Mancenez, nos vifites l'avoient rendu jaloux : c'eſt ce que j'ai penſé depuis, en rappellant la froideur avec laquelle il nous avoit reçûs lorſque nous l'étions allé voir. Quoiqu'il en ſoit, il ſe trouva dans la rue de Donna Eliſa dans le tems que le Marquis y faiſoit ſon concert, & la jalouſie le rendant furieux, il vint fondre avec un de ſes amis ſur les joueurs dont il briſa les inſtrumens. Le Marquis tomba ſur eux l'épée à la main. Heureuſement que Briſſant en avoit une & qu'il ſavoit s'en ſervir. Les deux Eſpagnols ſe défendirent vaillamment. Dom Juan perça le Marquis d'un grand coup, mais dans le même moment il en reçût un de lui qui le fit tomber roide mort. Briſſant ferrailloit contre l'autre, qui prit la fuite lorſqu'il eut vû ſon ami ſans vie & ſans mouvement. Les joueurs que la crainte avoit diſperſez ſe rapprocherent. Le Marquis ſe ſoûtenoit encore ſur ſes pieds, mais les forces lui manquant bientôt, il tomba ſans connoiſſance. On me le rapporta dans cet état.

I 2

Qu'on

Qu'on juge de ma furprife & de mon défefpoir. Je le crus mort, & comme j'avois été reveillé brufquement par ceux qui l'apportoient, le faififfement & la douleur me mirent dans une des plus affreufes fituations où je me fois trouvé de ma vie. Eft-il mort ? dis je à Briffant avec un regard qui le fit trembler. Helas ! Monfieur, répondit-il la larme à l'œil, je n'en fais rien, mais je ne le faurois croire. Ah ! malheureux, repris-je en voulant me jetter fur lui, tu mourras de ma main. On m'arrêta. Dom Porterra qui s'étoit levé au bruit, mit au nez du Marquis quelques goutes d'un Elixir qui lui firent donner quelques fignes de vie. Son fang couloit encore, quoiqu'ils euffent bandé fa plaie, avec une partie de fa chemife qu'ils avoient coupée. Enfin à force de foins & de liqueurs fortes, nous lui fimes reprendre la connoiffance. Il ouvrit les yeux, & m'aiant fort bien reconnu il me tendit la main fans avoir la force de parler : Je l'embraffai tendrement, & je l'exhortai à prendre courage. Les Chirurrurgiens vinrent. Ils me confolerent un peu en m'affurant que la plaie n'étoit pas mortelle, quelque profonde qu'elle leur parût. Je me fis faigner fur le champ, & je me mis dans ma robe de chambre auprès du lit du Marquis.

Lorfqu'il fut revenu tout à fait à lui, il me demanda pardon de ce qui s'étoit paffé, & me pria de ne pas maltraiter Briffant, qui lui avoit fauvé la vie, me dit-il, & qui n'étoit coupable de rien. Je lui accordai tout ce qu'il voulut, pour le rendre tranquile. Il me demanda auffi en grace de faire donner de fes nouvelles à fa chere Donna Diana & au Comte de Mancenez. Je lui promis que j'aurois ce foin quand il feroit jour. Il s'endormit un peu. Je fis appeller Briffant qui n'ofoit fe préfenter devant moi, & qui penfoit déja à fe retirer. Il parut néanmoins : Briffant, lui dis-je, fi je vous rendois juftice, je vous ferois enfermer dans un cachot pour le refte de vos jours. C'eft vous qui êtes caufe de tout le defordre qui vient d'arriver, & qui dérangez

Mon-

Monſieur le Marquis par vos mauvais conſeils. Si vous ne me faites
un récit fidele de tout ce que vous
avez fait avec lui depuis que vous
êtes à Madrid, & ſurtout de l'avanture de cette nuit, je vous donne
ma parole que je vous traiterai d'une
maniere qui vous rendra ſage toute
votre vie. Il commença par me
proteſter avec mille ſermens qu'il
n'avoit point eu d'autre part à la
conduite du Marquis, que celle
qu'il avoit été forcé d'y prendre par
obéiſſance, & qu'il avoit fait tous
ſes efforts pour le détourner de ſortir
la nuit. Il me raconta enſuite, avec
une apparence de ſincerité qui me
ſatisfit, l'hiſtoire des ſerenades, la
querelle arrivée à l'occaſion de
Donna Eliſa, & la mort de Dom
Juan de Paſtrino. Je me fis bien
expliquer le detail de ce dernier
malheur, & lorſque j'eus appris que
Dom Juan n'étoit pas ſeul, & que
ſon ami s'étoit ſauvé ſans bleſſure,
je commençai à craindre que le
Marquis n'eût été reconnu, & que
cette affaire n'eût des ſuites fâcheu-
ſes. Je conſultai Dom Porterra qui
con-

connoissoit mieux que moi les usages d'Espagne. Il me repondit d'une maniere qui augmenta ma crainte. Je pris le parti d'aller trouver Monsieur le Duc de Montalto sur l'amitié duquel je faisois beaucoup de fonds. Je le fis éveiller quoiqu'il fût à peine quatre heures du matin, & je lui exposai mon embarras. Il fut extrémement surpris de la mort de Dom Juan de Pastrino ; mais aiant appris de quelle maniere la chose étoit arrivée, il convint qu'il étoit puni justement. Cependant, me dit-il, il est d'une famille distinguée & qui trouvera des protections puissantes. Il seroit fâcheux que le Marquis fût arrêté dans l'état où il est, & s'il ne se met à couvert il sera difficile de l'empêcher. Je lui offre une retraite chez moi si vous croiez pouvoir l'y transporter sans être apperçû ; ou si vous connoissez quelque endroit plus sûr, je lui conseille de s'y retirer. Il me promit avec cela tout son crédit & celui de ses amis pour arrêter les poursuites de la Justice. Je retournai chez moi après l'avoir remercié.

I 4

Le

Le deſſein que je pris fut de conduire le Marquis dans une litiere chez le Comte de.... Maréchal de Camp, Gouverneur de..... & petit neveu de mon grandpere comme je l'étois du ſien. Quoique je ne l'euſſe pas vû depuis notre arrivée en Eſpagne, je ne doutois nullement que nous n'en fuſſions bien reçûs, & que ſa terre ne fût un lieu de ſureté pour nous. Mais étant entré dans la chambre du Marquis, je le trouvai ſi foible qu'il ne me parut point capable de ſouffrir le mouvement de la litiere pendant un voiage de vingt lieues. J'avois de la confiance pour Dom Porterra. Je lui communiquai ma peine. Il me dit qu'il y avoit déja penſé, & que ſans aller ſi loin nous pourrions être encore plus ſûrement à Buenretiro chez le Seigneur Inigo ; qu'on ne pourroit nous y inquieter ſans un ordre exprès de Sa Majeſté, & qu'il nous ſeroit aiſé d'aller audevant par le crédit de nos amis : ſans compter qu'on ignoreroit peut-être toûjours où nous ſerions, parce qu'il nous répondoit de la diſcretion

tion

tion d'Inigo. Partons donc, lui dis-je, sans differer. Il écrivit sur le champ deux mots au Seigneur Inigo, pour le disposer à nous recevoir. J'envoiai querir de mon côté une litiere où je fis mettre le Marquis ; & sous la conduite de Dom. Porterra qui connoissoit les chemins détournez, nous nous rendîmes à Buen-retiro.

Le bon Inigo nous reçût avec des caresses infinies. Au moment que le billet de Dom Porterra lui avoit été remis, il avoit eu l'attention d'éloigner sa femme, ses deux filles & sa servante, afin que lui & son valet fussent seuls dans notre secret si nous l'eussions voulu. Mais je fis refléxion qu'il étoit impossible que nous demeurâssions cachez longtems à ces quatre femmes, & que venant à découvrir nos affaires malgré nous, elles se croiroient moins obligées au silence que si nous les leur communiquions volontairement : je dis à Inigo qu'il n'étoit pas besoin de leur en faire un mystere, & qu'il suffisoit de leur recommander la discretion. Le

Mar-

Marquis fut mis dans une chambre à l'écart, dans les grands appartemens, de forte qu'il auroit été difficile de le trouver fans connoître parfaitement les lieux. Je lui laiffai le feul Scoti, & je retournai à la ville avec Dom Porterra. Mon premier foin fut d'envoier chercher le plus habile des Chirurgiens qui lui avoit mis le premier appareil, & de l'engager pour une groffe fomme à fe rendre à Buen-retiro, & à y demeurer caché dans fa chambre jufqu'à fon entiere guérifon. Le Chirurgien partit après s'être fourni des drogues néceffaires. J'allois fortir auffi pour prévenir en notre faveur nos amis les plus puiffans & les mettre dans nos interêts; mais je fus retenu par l'arrivée du Comte de Mancenez. Me voiant feul, il me demanda où étoit fon cher Marquis. Il eft affez mal, lui dis-je, & je ne crois pas que vous ignoriez fon malheur. Je fais, me répondit-il, ce que tout Madrid fait comme moi : je viens l'aider à fe défendre, ou l'exhorter à fe cacher. L'affaire eft des plus férieufes, ajoû-
ta-

ta-t-il, & je crois qu'il est à propos qu'il fasse connoître sa naissance pour arrêter l'ardeur des poursuites. Les parens de Pastrino sollicitent tous les Tribunaux; il est vrai que tous vos amis & les miens vous servent avec zele, mais le Roi n'arrêtera pas le cours de la Justice s'il n'en a quelque forte raison, telle que seroit la connoissance du nom du Marquis. Je representai au Comte que c'étoit moins que jamais le tems de nous faire connoître. Quoique ces sortes d'avantures, lui dis-je, n'aient rien qui deshonore, je serois fâché que le Marquis eût besoin de son nom pour se tirer d'intrigue. Contentons-nous d'employer nos amis; & si vous l'aimez, faites agir tous les vôtres. Il est dans un lieu sûr, & sa blessure est ce qui m'inquiete le plus. Le Comte qui ne savoit pas qu'il fut blessé fut extrémement surpris; il me pressa de lui apprendre le lieu de sa retraite pour l'aller voir sur le champ. Je le priai d'employer le reste du jour à le servir auprès de ses amis, comme j'allois faire de mon côté,

& je l'assurai que nous l'Irions voir
ensemble, & passer la nuit avec lui,
s'il vouloit me faire l'honneur de
me venir prendre le soir.

J'allai droit chez Monsieur le
Duc de Montalto. J'aurois pû me
dispenser d'aller plus loin, car ce
Seigneur qui étoit plein d'estime &
d'amitié pour nous, m'assura d'abord
que nous pouvions être tranquiles,
& que notre affaire étoit finie. Il
en avoit parlé à l'Abbé N . . . qui
étoit dès lors tout puissant auprès
du Roi. Cet Abbé aimoit les François. Peut-être croioit-il devoir
cette reconnoissance à la mémoire
de Monsieur le Duc de . . . Il pre-
vint si favorablement Sa Majesté
en lui faisant une relation exacte de
la querelle, que plusieurs Seigneurs,
parens de Dom Pastrino, étant allez lui demander justice, elle répondit nettement qu'il avoit mérité
son malheur, & que son intention
étoit qu'un étranger fût en sureté
la nuit dans les rues de Madrid. Je
ne laissai pas de voir par bienseance
Monsieur le Marquis de Leyde,
Monsieur le Marquis de Grimaldo,
&

& quelques-autres perſonnes de diſtinction , qui m'aſſurerent que je pouvois me repoſer ſur leur credit & ſur leurs bons offices. Le ſoir étant de retour au logis , j'appris qu'il y étoit venu douze Gardes pour ſe ſaiſir de la perſonne du Marquis , mais je n'en fis que rire , parce que je regardai cette démarche comme une cérémonie inutile.

Le Comte de Mancenez vint me rejoindre un moment après. Je me mis dans ſon carroſſe , & nous étant fait conduire juſqu'au Prado , nous renvoiâmes l'équipage pour aller ſeuls à Buen-retiro. La préſence du Comte combla le Marquis de joie. Nous trouvâmes dans ſa chambre l'épouſe d'Inigo avec ſes deux filles. La petite Donna Pradina , dont j'ai déja eu l'occaſion de parler , n'étoit pas la moins contente de ſe voir auprès de lui. Elles ſe retirerent pourtant à nôtre arrivée. Nous ſoupâmes le Comte & moi auprès du lit du malade. Il fallut parler de la chere Donna Diana , dont l'abſence affligeoit bien plus le Marquis que ſa bleſſure. Il demanda

da

da au Comte , fi elle n'avoit pas donné quelque marque de compaf fion en apprenant le péril où il étoit. Elle en a donné de defefpoir, lui dit le Comte , & fi je ne l'avois confolée tantôt après avoir vû Monfieur de Renoncour, je ne fais de quoi fa douleur ne l'auroit pas rendue capable. Cependant elle ignoroit encore que vous fufliez bleffé ; j'ai eu befoin de mille précautions pour lui apprendre cette fâcheufe nouvelle. Je lui ai perfuadé que votre bleffure eft legere, & que vous ferez en état de la revoir dans quelques jours. Je l'efpere, répondit le Marquis , & ce fera toûjours fort tard pour mon impatience ; mais je ferai demain affez bien pour lui écrire , & je prierai mon cher Papa de lui porter luimême ma lettre. Je le lui promis. Il demanda enfuite au Comte fi Donna Elifa n'étoit pas bien irritée contre lui, & bien affligée de la mort de fon amant. Elle en eft aufli affligée que moi , lui dit le Comte, c'eft-à-dire, qu'elle regrete un jeune homme qui , fi l'on excepte fa fureur

reur

reur jalouse qui l'a rendu digne de son sort, avoit de l'esprit & du mérite ; mais comme elle n'a jamais eu d'inclination pour lui, sa douleur ne passe point les bornes, & ne l'empêchera pas d'être toûjours votre amie.

Dans le tems que nous nous entretenions ainsi avec cette douce familiarité qui fait le charme de l'amitié, Inigo vint tout éperdu nous dire que nous étions trahis, que deux Seigneurs de la Cour étoient à la porte qui demandoient à me parler, qu'il les reconnoissoit pour Monsieur le Duc de Montalto, & pour Monsieur l'Abbé N . . . & qu'ils étoient-là sans doute par ordre du Roi pour nous arrêter. Je me mis à rire en entendant le nom de Monsieur le Duc de Montalto, & j'exhortai le bon Inigo à se rassurer. J'allai aussitôt au-devant de ces deux Messieurs, ne doutant pas que ce ne fût une visite d'amitié qu'ils avoient la bonté de faire au Marquis. Monsieur le Duc me fit l'honneur de m'embrasser. Il me dit qu'il venoit s'informer lui-même de

l'état

l'état de mon malade, & qu'il en
avoit parlé si avantageusement à
Monsieur l'Abbé N . . . qu'il lui
avoit fait naître l'envie d'y venir
dans le même carrosse. Au reste,
ajoûta-t-il tout bas , je n'ai avec
moi que mon cocher & un laquais
qui sont deux hommes de confiance. Je lui marquai toute la reconnoissance que je devois pour une
faveur si extraordinaire. Ils entre-
rent tous deux dans la chambre du
Marquis. Monsieur le Duc fut
charmé d'y trouver le Comte de
Mancenez ; nous liâmes une conversation pleine de cordialité & de
politesse.

L'Abbé N . . . paroissoit âgé
d'environ cinquante ans. Sa taille
étoit mediocre, son visage pâle, &
toute sa figure fort commune, mais
il avoit les yeux pleins d'esprit &
de feu. Il parloit avec grace, & le
tour de ses expressions avoit quelque chose qui attachoit & qui le
faisoit écouter avec plaisir. Il nous
raconta plusieurs traits agréables de
sa familiarité avec M. L. D. D.
On sait qu'il étoit né à Pl . . . d'une

fa-

famille très-basse, & fils si je ne me trompe d'un palefrenier. Le D. D. avoit goûté son caractere enjoué, & l'aimoit jusqu'au point de ne l'appeller que son cher Abbé. Il voulut l'avoir à sa suite pendant la guerre d'Italie, & le fit passer avec lui en Espagne. Le Duc avoit une maîtresse Italienne qui le suivoit en habit d'homme. Ce déguisement lui convenoit si bien, qu'elle n'étoit connue de personne, à la reserve de ceux qui étoient dans la plus étroite familiarité du D. L'Abbé N. étoit de ce nombre, & comme il avoit l'humeur naturellement badine, il folâtroit quelquefois avec elle. Le D. l'apperçut un jour qu'il lui boutonnoit un peu librement le haut de son just'aucorps : Pardi l'Abbé, lui dit-il, je te trouve plaisant de caresser ma maîtresse quand tu me crois bien éloigné : je veux y être, je saurai du moins de quelle maniere tu t'y prens. Là-dessus il lui ordonna de continuer. L'Abbé se trouva fort confus, & ne savoit comment il devoit prendre la chose. Son embarras divertissoit le

Duc,

Duc, qui lui dit enfin, le prenant par la main : L'Abbé, puisque vous ne le voulez pas en ma préfence, gardez-vous bien d'y fonger lorfque je n'y ferai pas ; car fi je venois à le favoir, nous ne ferions pas bons amis.

En fe retirant il nous affura de nouveau que l'affaire du Marquis n'auroit pas de fuites, & qu'il fe chargeoit du foin de les arrêter. Cependant, lui dit-il, n'allez à Madrid qu'avec précaution, & défiez-vous du genie Efpagnol : ce font gens qui fe vengent quelquefois par leurs propres mains. Si vous n'avez rien de preffant qui vous retienne, je vous confeille de quitter l'Efpagne. Le Marquis le remercia de fon mieux, & lui témoigna beaucoup de reffentiment de fes honnêtetez. Son confeil me parut fage. Nous euffions évité de cruelles peines en le fuivant : mais le moien de le faire goûter au Marquis, qui n'étoit occupé que de fa paffion ? Je retournai le lendemain à Madrid avec le Comte de Mancenez. Je trouvai chez Dom Porterra des lettres de Paris. Elles

en

en étoient parties avant le départ de
le Brun, & elles ne m'apprenoient
que des nouvelles de la santé de
Monfieur le Duc de . . . . . . & de
toute ma famille. L'après midi
j'allai chez le Comte, efperant y
trouver Donna Diana, & lui remettre le billet du Marquis. Elle
n'y étoit pas venue. Je priai Donna
Elifa de s'en charger, & je repris
le chemin de Buen-retiro. J'étois à
pied. En paffant par le Prado je me
trouvai un peu fatigué : je m'affis
fur un banc pour m'y repofer un
moment. Prefque auffitôt deux
courtifanes vinrent me joindre, &
prirent place à mes deux côtez.
Elles me dirent quelques mots en
Efpagnol : voïant que je ne répon-
dois pas, elles me demanderent en
nôtre Langue fi j'étois François. Je
leur dis féchement oui ; & comme
j'étois rempli de mille penfées triftes je ne proferai plus un feul mot.
Loin de fe rebuter, elles commen-
cerent entr'elles un entretien des
plus galans & des plus fpirituels ;
& ce qu'il y eut de plaifant, c'eft
qu'étant au milieu des deux, toutes

tes leurs paroles paſſoient devant mon viſage pour aller à leurs oreilles. Je me levai au bout d'un quart-d'heure, en riant malgré moi. Elles m'arrêterent par l'habit, & me demanderent ſi je ne voulois rien payer, du moins pour la converſation. Je trouvai le trait agréable, & je leur donnai quelques réales.

Mon eſprit n'étoit pas tranquile : je ſentois des mouvemens de triſteſſe, qui ſembloient me préſager quelque malheur. Je me promenai ſeul pendant plus d'une heure aux environs de Buen-retiro. La nuit qui commençoit à être obſcure, continuoit encore à communiquer quelque choſe de ſombre à mes penſées. Quelles reflexions ne fis-je point ? Mon Dieu ! diſois-je, vous me puniſſez d'avoir quitté ma ſolitude. Je me rappellai la paix dont je jouiſſois dans l'Abbaïe de… l'innocence de la vie que j'y menois, mes occupations ſimples & tranquilles, & je les comparois avec l'agitation preſque continuelle dans laquelle j'avois vêcu depuis mon départ de France. Je conſidérois

que

que le Marquis n'étoit pas encore hors de danger ; qu'à peine seroit-il guéri, que sa passion & le ressentiment de la famille de Dom Juan de Pastrino m'exposeroient à de nouvelles allarmes, & que sa seule vivacité seroit toujours pour moi une source inépuisable de peines & d'inquiétudes. C'étoit bien à moi, reprenois-je, à me charger de la conduite d'un jeune homme de dix-huit ans, dont j'ai dû prévoir tous les petits desordres & toutes les passions. J'ai abandonné ma fille pour lui, je sens qu'il m'est devenu aussi cher qu'elle, & que l'honneur ne m'attache pas plus à ses interêts que mon affection ; qu'avois-je à faire de me forger ces nouvelles chaînes, après avoir tant de fois éprouvé que je ne saurois en former d'heureuses, & que tous mes attachemens ne vont qu'à mon infortune & à ma perte ? Suis-je assuré seulement que le Marquis ressente ce que je fais pour lui ? Peut-être me regarde-t-il comme son tyran, malgré la tendresse & l'honnêteté de mes manieres ; les jeunes gens sont-ils sensi-

bles

bles à autre chofe qu'à ce qui les flatte? Ainfi quel eft le fruit de mes peines ? de me tourmenter inutilement, de me préparer par mes fatigues une vieilleffe pénible & languiffante, & peut-être de précipiter la fin de mes jours. Helas! la mort n'eft pas ce qui m'épouvante ; mais c'étoit à mes malheurs paffez que je devois la perte de ma vie : je dois la menager aujourd'hui, pour me punir d'avoir vêcu quand il falloit mourir.

Je m'entretins ainfi feul en me promenant à grands pas dans les allées qui font autour du château. Toutes mes anciennes douleurs fe réuniffant à l'idée de celles qui me menaçoient encore ; je me trouvai le cœur fi ferré en rentrant chez Inigo, que j'eus befoin de prendre auffitôt quelque liqueur pour me foûtenir. J'allai enfuite dans la chambre du Marquis. Le Chirurgien me dit naturellement que ce foir il trouvoit fa bleffure plus mauvaife ; & il ne favoit à quoi attribuer ce changement. Je demandai à Scoti qui ne l'avoit pas quitté,
s'il

s'il lui étoit arrivé quelque chose d'extraordinaire. Il me répondit que Dom Porterra l'étoit venu voir sur la fin du jour, qu'il lui avoit apporté une lettre, & que le Marquis avoit paru fort inquiet après l'avoir lûe. J'approchai de son lit; il étoit un peu assoupi : J'apperçus à son côté le bout d'un papier qui sortoit hors des draps, je ne doutai point que ce ne fût la lettre, & je la tirai doucement pour la lire. Elle étoit de Donna Diana. La voici telle que je la conserve.

,, Je crains bien, mon cher Mar-
,, quis, qu'il ne se prépare contre
,, nous quelque orage. Outre votre
,, absence & votre blessure, qui
,, sont déja pour moi deux mortels
,, sujets d'inquiétude, je viens d'en
,, recevoir un nouveau qui me cau-
,, se la plus juste allarme. Dom
,, Juan d'Alavestras oncle de Pas-
,, trino, est venu ce matin voir
,, mon pere : je ne sais comment
,, il a été informé de nos sentimens;
,, mais non seulement il lui a appris
,, que vous m'aimez, & que je vous
,, aime, il y a encore ajoûté mille

,, ca-

„ calomnies , dont je fuis prête à
„ reffentir les triftes effets. Mon
„ pere m'a fait appeller auffitôt : il
„ m'a reproché , dans des termes
„ fort durs , ma tendreffe , & le
„ confentement que j'ai donné ,
„ dit-il , au deffein que vous avez
„ pris de m'enlever. Et parce que
„ je lui avois fait connoître mon
„ inclination pour la retraite avant
„ que de vous avoir connu , il m'a
„ déclaré qu'il faut la reprendre ,
„ & qu'il ne me laiffe plus d'autre
„ parti à choifir que celui d'un
„ couvent. Je lui obéirois fans
„ murmurer , mon cher Marquis ,
„ fi je ne favois ce que je vous dois ,
„ & la douleur que ma perte va
„ vous caufer. Que ne puis-je reffen-
„ tir feule tout le poids du malheur
„ qui nous menace ! Que ne puis-
„ je vous rendre au dépens de ma
„ vie la tranquillité qu'un amour
„ trop tendre va vous ôter ! j'ai
„ toûjours prévû que le mien fe-
„ roit un jour mon fupplice ; &
„ l'efperance que j'avois de voir
„ l'heureufe fin de nôtre amour ,
„ étoit fi foible & combattue par

„ tant

„ tant de raisons de craindre, que
„ je ne saurois accuser le Ciel de
„ m'avoir trompée. Mais je ne pré-
„ voiois pas que vos peines me
„ rendroient encore plus malheureu-
„ se que les miennes. Cependant
„ ne vous affligez pas trop. Hâtez-
„ vous de vous guérir. Je me ser-
„ virai de la même voie pour vous
„ informer de mon fort ; & quel
„ qu'il puisse être, je vous jure en-
„ core une tendresse éternelle.

Je remis cette lettre au même
endroit, & je m'assis en attendant
le reveil du Marquis. Il étoit près
de minuit. Un moment après il
s'éveilla, & m'aiant apperçu il me
présenta sa lettre en poussant un
profond soûpir. Je la lûs une secon-
de fois, & sans lui donner le tems
de parler, je lui dis d'un air tranquile, auquel je m'étois préparé ;
Hé bien, Monsieur, je ne vois rien
là qui doive vous affliger beaucoup.
Vos affaires ne changent point de
face. Donna Diana vous aime; &
quand elle entreroit dans un Couvent, elle ne sauroit y avoir pris
d'engagement avant le retour de le
Brun. Si Monsieur le Duc vous

fait une réponse favorable, comptez que ni son pere ni elle ne balan-
ceront point à vous rendre heureux.
Le croiez vous ? me dit il tristement ? cela est sûr, lui répondis-je,
& la chose parle d'elle même. Vous
ne devriez penser qu'à vous rétablir,
au lieu de retarder comme vous faites l'effet des remedes en vous affli-
geant mal-à-propos. Il me fit encore quelques objections sur la
malignité d'Alavestras, ausquelles
je répondis d'une maniere qui le
rassura entierement. Le lendemain
sur les huit heures du matin le Comte de Mancenez me fit demander
secretement à la porte. Je n'ai pas
voulu paroître devant le Marquis,
me dit-il, sans vous avoir entretenu
un moment. Je lui apporte des nouvelles qui le feront mourir de chagrin. Donna Diana a été enlevée ce
matin en sortant de Madrid avec
son pere qui la conduisoit dans un
Couvent. Les ravisseurs se sont ex-
pliquez de maniere à faire entendre
qu'ils agissoient par les ordres du
Marquis ; de sorte que Dom Diego
de Velez est dans une fureur étrange
contre lui, & qu'il va tout mettre

en

en usage pour le faire arrêter. Il sait
que vous êtes ici. Les parens de
Dom Pastrino l'excitent à la vengeance, & c'est par leur moien qu'il
a appris le lieu de vôtre retraite ; car
ils ont lâché de tout côté des espions
pour vous découvrir. J'embrassai
mille fois le Comte, & je le priai
de nous donner des preuves de sa
générosité & de son amitié dans une
conjoncture si délicate. J'ai pourvû
à tout, reprit-il : il faut sans perdre
un moment que le Marquis se met-
te dans mon carrosse, & nous le
conduirons dans un lieu sûr. Mais,
repliquai-je, le mouvement va le
tuer. Il m'assura que nous trouve-
rions une litiere à demie lieue de
Buen retiro, & qu'il avoit donné
des ordres pour cela avant que de
sortir de la ville. La difficulté
étoit de faire entendre au Marquis
qu'il étoit nécessaire de se retirer,
sans lui en découvrir la véritable
raison. Le Comte se chargea de ce
soin, & s'y prit avec beaucoup
d'adresse. Mon cher Marquis, lui
dit-il en entrant dans sa chambre,
je viens d'apprendre que votre blessure empire, & je n'en suis pas

 sur-

surpris, je n'ai pas eu l'attention d'avertir le Chirurgien que l'air de Buen-retiro eſt mortel pour les plaies. Il faut ſortir d'ici, ſi vous m'en croiez, & ſans tarder plus longtems. Le Marquis conſentit à tout. Nous le mîmes ſur le champ dans le carroſſe du Comte & nous avec lui. Nous étions quatre en comptant le Chirurgien. Nos laquais retournerent à la ville pour tromper les eſpions. Nous joignîmes la litiere en moins d'une demie-heure. Je conſeillai au Comte de renvoier ſon carroſſe, quoiqu'il m'eût dit qu'il nous reſtoit deux lieues à faire à pied. Il ordonna à ſon cocher de nous venir rejoindre le ſoir avec un autre de ſes laquais, & quelques chevaux pour les proviſions. J'avois donné le même ordre à Scoti.

Nous marchâmes le plus vîte qu'il nous fut poſſible. Je m'entretenois avec le Comte en allant après la litiere. Je lui racontai tout ce que Donna Diana avoit écrit la veille au Marquis, & nous conclûmes enſemble après quantité de reflexions, qu'il falloit que le raviſ-

seur fût le même Alavestras qui
avoit accusé faussement le Marquis
de méditer ce mauvais coup. Un
calomniateur, disois-je au Comte,
est capable des derniers crimes. Je
me confirmai encore dans cette
pensée, lorsqu'il m'eut appris que
la mere de Dom Pastrino, qui étoit
sœur de Dom d'Alavestras, avoit
naturellement l'humeur violente, &
que la mort de son fils unique l'a-
voit mise au comble de la fureur.
Elle étoit veuve, & n'avoit rien de
plus proche que son frere. Je jugeai
que se voiant hors d'esperance d'être
vengée par les voies ordinaires, elle
l'avoit sollicité d'emploier le crime; qu'aiant été instruits par leurs
espions de l'attachement du Marquis, il avoit formé le dessein d'enlever Diana, pour faire tomber l'accusation sur le jeune amant, & pour
obliger par là Sa Majesté à permettre de l'arrêter ; esperant pouvoir
alors renouveller leurs poursuites,
& l'accabler de deux côtez. Effectivement dom Diego de Velez ob-
tint un ordre du Roi dès le même
jour pour saisir la personne du Marquis à Buen-retiro. Mais n'y étant

K 3　　　allé

allé que l'après midi, il n'y trouva
point ce qu'il esperoit. Nous êtions
en sureté à Ivicella, petit château
du Comte, situé à l'entrée d'une
longue prairie, au bas d'une côte
chargée d'un bois fort épais. Le
lieu sembloit être fait pour servir
d'azile. Les environs n'étoient
point habitez. Le Concierge étoit
un bon homme qui y demeuroit avec
sa femme & ses deux fils pour re-
cueillir les foins de la prairie. On
auroit pû faire aisément de cette
terre un lieu de plaisir ; mais le Comte avoit sa maison de campagne
plus proche de la ville, & venoit
rarement à Ivicella ; il y avoit même peu de chambres qui fussent
meublées : celle qu'on donna au
Marquis ne laissoit pas de l'être
proprement. Nos laquais arriverent
le soir avec tout ce qui étoit nécessaire pour nous bien traiter, & pour
éviter l'ennui. Il nous apprirent que
l'enlevement faisoit beaucoup de
bruit à Madrid, qu'on le rejettoit
hautement sur le Marquis, & qu'on
avoit été pour s'assurer de lui à
Buen-retiro. J'apprehendai que cela
ne fît de fâcheuses impressions sur

l'es

l'esprit de nos meilleurs amis, & je résolus d'aller dès le lendemain me presenter à eux. Le Comte demeura pour tenir compagnie a son ami.

Je vis d'abord Monsieur le Duc de Montalto. Il étoit persuadé, avec toute la ville, que le Marquis étoit coupable. Je découvris à travers ses civilitez que cette opinion l'avoit un peu refroidi, & lorsque je commençai à lui parler du sujet principal de ma visite, il ne put s'empêcher de me dire en m'interrompant : En verité c'est trop, tuer un homme & enlever une fille de condition ; & cela en trois ou quatre jours ; Ah Monsieur de Renoncour, c'est trop. Mon plaidoié ne fut pas long. Je me plaignis de la facilité qu'il avoit eu à croire un bruit si faux, & je lui protestai que nous étions innocens. Je le priai de se souvenir que le Marquis n'étoit pas en état de penser à un enlevement, moi dans un âge & dans une situation à le permettre, & ni l'un ni l'autre assez accreditez en Espagne pour avoir trouvé tout d'un coup des gens qui voulussent l'executer par nos ordres. Enfin, lui dis-

dis-je, il n'eſt que trop vrai que le
Marquis eſt encore étendu dans un
lit, & que ſon mal eſt aſſez dangereux pour m'empêcher d'être tranquile. Je viens intereſſer pour lui
votre amitié. Il ne s'agit pas ſeulement d'arrêter des pourſuites injuſ-
tes & ſans fondement, mais ſi vous
voulez qu'il ſe loue éternellement
de vos bontez, il faut lui faire retrouver Donna Diana de Velez,
dont il ignore encore la perte, &
ſans laquelle je ne crois pas qu'il
puiſſe vivre. Je fis là deſſus au Duc
le recit des amours du Marquis &
de Donna Diana, & je ne lui ca-
chai point les raiſons que j'avois de
ſoupçonner Dom d'Alaveſtras, de
l'enlévement. Cela étant, me répondit Monſieur de Montalto, je
crois que le plus ſûr eſt d'aller droit
chez Dom Diego de Velez, & de
lui faire entendre qu'il s'eſt trompé. Il n'y a point de tems à perdre,
allez-y vous même. J'irai de mon
côté, non pas m'oppoſer aux pourſuites ; elles tomberont d'elles mêmes, lorſque Dom Diego ceſſera
de les preſſer, mais detromper la
Cour & le public qui ſont tort pré-
ve-

venus contre vous & le Marquis.
Je le quittai pour aller chez Dom
Diego de Velez. Cette visite ne
laissoit pas de me causer quelque
émotion, & quelque facilité que
j'aie toûjours eue à m'exprimer, je
méditai en approchant de sa maison
ce que j'avois à lui dire.

Il étoit seul. Je me fis connoître d'abord en lui disant : La démarche que je fais, Monsieur, de
la part de Monsieur le Marquis de
Rosemont, vous persuadera beaucoup mieux de sa sincerité qu'un
discours étudié. Il est au desespoir
de l'idée que vous vous formez de
lui. Vous l'accusez d'un crime
dont vous aurez regret de l'avoir
soupçonné quand vous connoîtrez
son innocence. Je vous proteste,
Monsieur, que non seulement il
n'est pas coupable, comme ses ennemis vous l'ont fait croire, mais
que votre perte ne vous afflige pas
plus que lui, & qu'il auroit exposé
sa vie pour défendre Donna Diana
contre ses ravisseurs. Si vous doutez
de la verité de mes paroles, exigez
de moi toutes les preuves qui peuvent vous en convaincre : je suis prêt

à vous les accorder. Il m'écoutoit
attentivement. Je ne favois quel
jugement porter de l'air de fon vifage, qui me paroiffoit tout à la
fois trifte, furieux, & attentif. Enfin il me répondit brufquement que
l'artifice étoit groffier; qu'il étoit
lui-même avec fa fille, au moment
qu'elle avoit été enlevée, & qu'il
avoit entendu prononcer plufieurs
fois le nom du Marquis par les ra-
viffeurs. C'eft juftement, repartis-
je, en quoi confifte la malignité de
nos ennemis; mais une malignité
fi deftituée de vraifemblance, qu'il
eft furprenant qu'elle ait pû faire
impreffion fur vous: car je vous
demande s'il eft naturel que des gens
qui euffent voulu fervir Monfieur
le Marquis, vous euffent fait connoître fon nom. N'avoient ils pas
toutes les raifons du monde de le
cacher, & pour leur propre interêt
& pour celui de leur maître? Mais
je fai, reprit-il, que le Marquis aime
ma fille, & j'étois informé de fon
deffein même avant l'execution.
Ceux qui vous ont appris, repliquai-je, que Monfieur le Marquis
aime Donna Diana ne vous ont pas
trom-

trompé en ce point , mais ils se font servis de cette connoissance pour tramer la plus noire calomnie. Je les connois comme vous : ils brûlent de se venger , & cette raison seule auroit dû vous rendre leur accusation suspecte. En voulez vous une preuve à laquelle je ne crois pas que vous puissiez rien opposer? la voilà , continuai je en ouvrant la lettre de Donna Diana que j'avois eue la précaution de tirer adroitement des mains du Marquis; je puis vous montrer cette lettre, puisque vous n'ignorez pas les sentimens qui y sont contenus. Il prit la lettre , & aiant reconnu l'écriture de sa fille , il ne put s'empêcher de répandre quelques larmes, & de dire tendrement ; Helas ma chere fille ! Je commençai à croire qu'elle lui étoit plus chere que je ne me l'étois imaginé , & qu'elle ne le pensoit peut-être elle-même. Lorsqu'il eut achevé de lire, il me parut surpris ; mais qui voulez-vous donc, me dit-il, qui ait enlevé ma fille ? Je lui répondis que c'étoit de quoi je ne pouvois l'instruire certainement, mais que j'avois des

rai-

raisons si fortes de soupçonner Alavestras lui-même, que je le pouvois
faire sans temerité. Je le fis souvenir de la mort de Dom Pastrino,
de la maniere dont le Roi avoit
pris la chose, ce qui avoit ôté à
Dom d'Alavestras tout espoir d'être
vengé. Depuis ce tems-là, lui
dis-je, il n'a cessé de remuer & de
mettre tout en œuvre pour découvrir le lieu de notre retraite, dans
le dessein apparemment de trouver
les moiens de satisfaire sa fureur.
Il a sollicité tous ses amis contre
nous, il a mis en campagne des
espions & des gens armez. Enfin
je communiquai à Dom Diego toutes les conjectures que j'avois for-
mées sur le chemin d'Ivicella, & je
tâchai de le persuader, comme je
l'étois moi-même, qu'Alavestras
avoit voulu la faire servir à sa vengeance. S'il m'avoit joué un tour
si lâche, me dit-il d'un air furieux,
je lui arracherois mille fois la vie.
Là dessus il fit appeller ses trois fils,
qui paroissoient tous gens de bonne
mine & de résolution, & il leur expliqua ce qu'il venoit d'entendre.
Lorsqu'il eut fini, j'ajoûtai quantité

tité de raisons à son discours, telles que la blessure du Marquis qui étoit très-dangereuse, sa jeunesse, la dépendance où il étoit de moi; & pour achever, leur dis-je, de vous convaincre, je vous jure que quoique je sois ici au nom du Marquis, c'est-à-dire pour lui rendre service en vous apprenant son innocence, il ignore encore l'enlevement de Donna Diana, & qu'il n'en sera informé qu'après sa guerison. Il l'aime avec tant de tendresse & de respect, que cette nouvelle jointe à son mal lui causeroit infailliblement la mort. Je vous parle avec liberté de ses sentimens, ajoûtai-je, parce qu'il est d'un rang & d'une naissance à faire honneur à toutes les Dames d'Espagne ausquelles il s'attachera.

Le pere, & les trois fils se regarderent quelque tems sans parler. Enfin le pere me dit que quoiqu'il se sentît fort disposé à me croire, il ne pouvoit revoquer les poursuites qu'il avoit commencées, qu'il ne vît un peu plus clair dans cette affaire; qu'il m'assuroit seulement de ne les pas presser, & que pendant ce tems-là il alloit faire éclairer de près Dom

d'Ala-

d'Alaveſtras. Il me pria de me joindre à lui pour tirer des lumieres qui
nous importoient à l'un & à l'autre,
& il fit ferment que ſi d'Alaveſtras
étoit aſſez fourbe pour l'avoir joué
d'une façon ſi indigne, il le puni-
roit d'une maniere qui effraieroit
toute l'Eſpagne. Ses trois fils jure-
rent la même choſe. Le troiſiéme
reſſembloit fort à Donna Diana,
quoiqu'il fût né d'une mere differen-
te, & je le trouvai le plus vif ſur
les interêts de ſa ſœur. Il ſe nommoit Dom Pedro de Lera Son
âge étoit de vingt-trois ou vingt-
quatre ans. Il promit le premier à
ſon pere qu'avant que la nuit fût
paſſée, il ſauroit ſi Dom d'Alaveſtras étoit coupable, & ce que ſa
ſœur étoit devenue.

Ils me conduiſirent civilement
juſqu'à la porte de leur maiſon. Je
me rendis de là à celle du Comte
de Mancenez pour y voir Donna
Eliſa. Elle me parut fort affligée de
l'enlevement de ſon amie. Je l'in-
formai de l'état de nos affaires, &
je la priai de contribuer de quelque
choſe à la tranquillité du Marquis.
Je crains, lui dis je, que ne recevant

vant point de nouvelles de Donna Diana, il ne s'afflige trop de ce silence, & qu'il n'en tire des conséquences fâcheuses : il faut que nous lui faffions croire que fon pere l'a mife dans un Couvent, & que n'aiant pas la liberté d'écrire, elle vous a priée à fon départ de faire favoir au Marquis qu'il ne doit rien appréhender pour elle, & qu'elle compte de le revoir après fa guérifon. Donna Elifa m'accorda ce que je demandois. Nous convînmes qu'elle envoieroit fa lettre à Ivicella par un laquais, afin que cela parût moins concerté, j'allai voir enfuite toutes les perfonnes de diftinction dont nous étions connus, pour les détromper de la fauffe opinion qu'ils avoient pû prendre fur le bruit public. Je m'apperçûs que Monfieur le Duc de Montalto avoit déja fait beaucoup, & qu'il nous avoit rendu fervice en véritable ami. Quelque fatigué que je fuffe d'une journée fi pénible, je retournai le foir à Ivicella, avec Dom Porterra, qui voulut m'accompagner. Les nouvelles que j'apportois réjouirent le Comte de Maucenez. Cet aimable

Com-

Comte me dit que puisque j'avois si
heureusement commencé , il me laif-
soit le soin de terminer nos affaires
à Madrid ; qu'il se chargeoit de son
côté de prendre soin du Marquis,
& qu'il ne s'en éloigneroit pas un
moment jusqu'à ce qu'il fût entierement rétabli. Le lendemain je vis
arriver le laquais de Donna Elisa.
Sa maîtresse qui avoit de l'esprit
infiniment , l'avoit bien instruit de la
maniere dont il devoit exécuter sa
commission. Il demanda à parler au
Marquis d'un air empressé , ne voulant confier sa lettre à personne.
Nous nous assemblâmes tous dans
sa chambre en marquant une grande
curiosité d'apprendre le sujet d'un
message si pressant. Le Marquis
après avoir lû la lettre la presenta
au Comte, & lui dit qu'il avoit des
obligations infinies à Donna Elisa.
Nous la lûmes ensemble. Elle étoit
tournée de la maniere la plus ingenieuse & la plus propre à tranquilli-
ser un amant. Vous devez être
bien satisfait, lui dis je ; il ne reste
qu'à vous guérir promptement.

Fin du Tome Troisiéme.